애착 수업

일러두기

1. 이 책에 실린 사례들은 환자들의 실제 임상을 재구성한 것으로, 특정 인물과 관련이 없음을
   밝혀둔다.
2. 본문에 등장하는 의학 용어는 《정신분석 용어사전》과 (사)한국심리학회의 심리학
   용어사전을 따라 표기했다.
3. 저자 주와 옮긴이 주는 모두 괄호로 표기했다.

나를
돌보는 게
서툰 어른을
위한

애착 수업

오카다 다카시 지음

이정환 옮김

푸른숲

AICHAKU SHOGAI NO KOKUFUKU

"AICHAKU APPROACH" DE HITO WA KAWARERU ⓒTakeshi Okada, 2016
All Rights Reserved.

Original Japanese deition published by Kobunsha Co., Ltd.
Korean publishing rights arranged with Kobunsha Co., Ltd.
Through Eric Yang Agency.Inc., Seoul

이 책의 한국어판 저작권은 EYA(Eric Yang Agency)를 통한
Kobunsha사와의 독점 계약으로 (주)도서출판 푸른숲이 소유합니다.
신 저작권법에 의하여 한국 내에서 보호를 받는 저작물이므로
무단 전재와 무단 복제를 금합니다.

▌ 애착이란 무엇인가 ▐

사람들은 각자 다양한 문제를 안고 살아간다. 우울, 불안, 긴장, 의존증, 섭식장애, 감정 기복, 주의력결핍 과잉행동장애(이하 ADHD), 불륜, 이혼, 독신, 섹스리스, 가정폭력, 등교 거부, 은둔형 외톨이, 발달장애……

　이 모든 문제의 공통 원인으로 작용하는 요인 중 하나가 바로 '불안정한 애착'이다. 사전에서는 애착의 뜻을 '몹시 사랑하거나 끌리어 떨어지지 아니함. 또는 그런 마음'이라고 설명한다. 애착은 생애 초기에 어머니와의 관계에서 생겨난다. 이 시기에 어머니와 애착을 잘 형성해 안정감을 충분히 느끼면, 성장하면서 다양한 사람과 관계를 맺을 때 안도감을 느낄 수 있다. 안정된 애착은 불안을 잠재우고 대인관계에서 기쁨을 느끼게 해 오래도록 친밀한 관계를 유지할 수 있다. 따라서 안정된 애착은 원만한 사회성과 행복의 근본 요인으로 작용한다. 애착은 후천적 요인이지만 개인의 행동이나 정서적 반응, 스트레스 내성 등에 마치 유전자처럼 관여해 인생 자체를 좌우하기 때문이다.

애착이 안정된 사람은 힘들거나 괴로운 일이 있어도 꿋꿋이 이겨내고 행복한 생활을 유지할 수 있다. 하지만 그렇지 못한 사람은 쉽게 흔들릴 뿐 아니라 사회에 잘 적응하지 못해 어려움을 겪을 가능성이 크다. 실제로 주변 사람들과 잘 어울리지 못해 유독 고통을 겪거나 심각하게 고민하는 사람들 중에 애착이 불안정한 경우가 많다.

다행히 애착은 유전자가 아니어서 어느 정도 회복할 수 있다. 성인이 된 후에도 불안정한 애착이 안정될 수 있다는 뜻이다. 물론 반대 경우도 있다.

▌20년 넘게 아이들을 치료하며 깨달은 것 ▌

나는 아동병원 정신의학과에서 20년 넘게 임상의로 일하면서 애착의 중요성을 절감했다. 아동병원을 찾는 아이들 대부분은 애착이 매우 불안정해서 치료가 힘들었다. 그런데 회복이 거의 불가능할 것 같던 아이들이 극적으로 회복되거나 예상보다 빨리 호전되는 경우가 있었다. 비결이 뭘까? 이 비결을 알면 치료를 더 잘할 수 있지 않을까? 이

궁금증을 해결하는 과정은 '어린 시절 큰 상처를 받아 애착이 매우 불안정한 사람이 어떤 과정을 거쳐 안정을 되찾는가?'라는 질문의 답을 찾는 일이기도 했다.

나는 일련의 경험을 통해 불안정한 애착을 치료하는 일이야말로 가장 중요한 회복 인자를 되살리는 방법이라고 확신했다. 가정 해체, 학대, 질병, 발달장애, 약물 의존 등으로 병원을 찾을 수밖에 없는 심각한 상황에 처해도 애착을 안정시키면 얼마든지 나을 수 있다는 사실도 확인했다.

앞에서 나열한, 우리를 둘러싸고 있는 다양한 문제를 다시 한 번 떠올려보자. 우울증, 감정 기복, 불안장애, 다양한 의존증, 발달장애, 가정 해체, 은둔형 외톨이까지, 오늘날 넘쳐나는 수많은 정신적 문제는 대부분 애착과 관련이 있다. 이런 문제들은 약물치료로 효과를 볼 수 없는 경우가 많아서 환자 본인은 물론이고 전문가들조차 애를 먹는다.

아동병원에서 내가 만났던, 증상이 매우 복잡해서 일반 치료로는 쉽게 회복되지 않던 아이들도 애착이 안정되면서 상태가 개선되었다. 이 점을 생각하면 사회에서 흔히 보는 일반적인 정신질환 증상, 즉 상태가 비교적 가볍고 상황도 덜 심각하며 활용할 수 있는 사회적 자원이 갖춰진 경우라면 애착에 집중함으로써 상태를 한결 쉽게 개선하고 병을 치료할 수 있으리라는 생각이 든다.

'애착 기반 접근법'은 이런 상황에서 탄생한 치료법이다.

▌애착, 불안으로부터 나를 지키는 힘 ▌

나도 처음에는 애착 기반 접근법에 많은 기대를 하지 않았다. 우리가 살아가는 사회는 아동병원 같은 특수한 환경과 너무 달라서, 양쪽에 다같은 원리를 적용하면 통하지 않을 거라 우려했기 때문이다. 그래서 처음에는 기존 의학 모델을 따른 치료와 애착 기반 접근법을 병행했다.

그런데 시간이 지날수록 의학 모델을 따른 치료만 할 때보다 둘을 병행할 때 증상이 훨씬 나아지는 사례가 늘어났다. 특히 경계성 인격장애 치료에서 두드러졌다. 의학 모델을 따라 환자를 진찰하고 치료하는 경우와 환자 가족을 중심으로 치료하는 경우를 비교했더니, 후자의 개선 효과가 더 나았던 것이다.

그래서 지금은 애착에 심각한 문제가 있는 환자를 진료할 때 애착 기반 접근법을 더욱 중요하게 활용한다. 상담센터와 연계해 환자 본인은 물론이고 가족도 함께 치료한다. 그 결과 더 이상 진전이 없던 환자도 새로운 돌파구를 찾은 경우가 많았다.

정신의학계나 심리학계에 종사하는 독자라면 의학 모델을 활용한 치료법을 적용할 수 없거나 효과를 내지 못할 때, 이 책을 읽으면 큰 도움이 될 것이다.

하지만 이 책을 읽어야 하는 사람들은 전문가들보다 평범한 일반 독자다. 애착은 특이한 환자의 개인적 문제가 아니라 평범한 사람들도 얼마든지 겪는 문제이자 부모와 자녀, 또는 부부 사이에서 반드시 발생하는 문제이기 때문이다.

애착은 우리를 위협과 불안으로부터 지켜주고 안정과 행복을 보장해준다. 끊임없이 불안과 위협에 시달리며 자신은 불행하다고 생각하는 사람, 또 인생을 지금보다 더 즐겁고 행복하게 살고 싶은 사람이라면 애착의 개념을 이해하고 안정시키는 방법을 배워야 한다.

어떤 학문을 공부하는 것보다 애착을 배우는 것이 훨씬 중요하다. 자기 문제를 해결해야 하는 경우는 물론이고, 불편한 인간관계를 원만하게 개선하고 유지하기 위해 애착을 안정시키고 상처를 치유하는 법을 알아둔다면 인생을 살아가는 데 참으로 유용할 것이다.

이 책에서 설명하는 방법은 절대 탁상공론이 아니다. 실제로 죽느냐 사느냐 하는 상황까지 내몰렸던 환자를 극적으로 회복시키는 데 도움이 된 지식이다. 아니, 단순한 지식이라기보다 기술이나 비법에 더 가깝다. 애착은 머리로 이해한다고 해도 쉽게 익힐 수 없기 때문이다. 비행기에 대해 아무리 많은 지식을 알고 있어도 이것만으로는 조종할 수 없는 것과 같은 이치다. 물론, 아무리 많은 경험을 했어도 전문 지식이 없으면 다른 사람에게 적용할 수 없다.

그러니 이 책을 찬찬히 읽고 각자 처한 상황에 활용하면서 이해력을 높여간다면, 누구나 불안정한 애착을 안정시킬 수 있을 것이다.

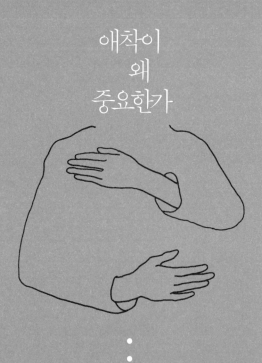

1장

애착이
왜
중요한가

-
-

불안정한 애착은 아이들만의 문제가 아니다.
성인이 되어서도 불안정한 애착을 극복하지 못하면
중년, 노인 할 것 없이 계속 불안을 느끼기 때문이다.

이런 상태가 지속되면 면역력과 사회 적응력이 떨어지고
마음속이 늘 불만과 분노로 가득 차버린다.

왜 애착에 주목해야 할까? 이해하기 어려운 인간관계, 자신도 모르게 드러나는 심리 현상을, 애착을 알면 쉽게 이해할 수 있기 때문이다. 애착이 중요한 또 다른 이유는, 더 이상 손을 쓸 수 없을 정도로 상태가 심각한 환자를 애착을 바로잡아 극적으로 호전시킬 수 있기 때문이다. 나는 아동병원에서 임상 실험을 통해 이를 깨달았다.

아동병원에는 심각한 상처를 안고 살아가는 아이들, 예를 들어 불우한 환경에서 자란 데다 질병이나 장애를 가진 아이들, 또 비행과 범죄를 저지르는 아이들이 가득하다. 일반적인 의학 모델로는 치료하기 어렵겠다 싶은 아이들을 쉽게 만날 수 있었다. 약물로 치료할 수 있는 단순한 사례는 거의 없었다.

통합실조증 같은 정신질환은 예외였는데, 이 질환은 약물 복용만으로도 증상이 극적으로 호전되고 안정된다. 환각이나 망상에 사로잡혀 방화를 하거나 살인을 저지를 정도로 상태가 심각한 환자도 약물을 복용하면 전혀 다른 사람처럼 온화해진다. 약물을 적정량 복용하고 잘 치료하면 재발하는 일은 거의 없다.

하지만 대다수 질환은 이렇게 간단하게 치료되지 않는다. 우선 신체적 학대를 당하면서 자란 사람이 많고, 언뜻 평범한 가정에서 성장한 것처럼 보여도 본인의 뜻과 상관없이 부모에게 지나친 기대나 통제재를 받는 등 심리적 학대를 받은 이들이 많기 때문이다. 이들은 거의 대부분 심각한 애착장애를 안고 있었다.

뿐만 아니다. 부모에게 있는 그대로 인정받지 못하거나 학교에서 집단 괴롭힘 또는 놀림을 당한 이들, 믿었던 사람에게 배신이나 성폭행을 당한 이들, 각성제 등 약물을 복용하는 이들도 저마다 큰 상처를 갖고 있었다. 이중 삼중으로 상처를 받은 상태에서 약물의존증에 빠져 후유증을 앓는 이들도 적지 않았다.

이들은 주변에서 아무리 정성껏 도와주려 해도 대부분 거절한다. 수차례 상처를 받으면서 두꺼운 갑옷으로 마음을 꽁꽁 감싸버린 탓에 좀처럼 마음을 열려 하지 않는다. 겨우 마음을 열어 정성을 다해 치료하고 가르쳐도 사회로 돌아가면 예전 상태로 돌아가 다시 범죄나 비행을 저지르는 경우도 많다.

이런 환자들을 대하면서 허탈해진 적도 많았다. "두 번 다시 같은 실수를 되풀이하지 않겠다"고 굳게 맹세하고 돌아간 아이들이 왜 얼마 지나지 않아 똑같은 잘못을 저지르는 걸까? 왜 회복되지 않았을까? 병원에서는 분명 치료된 것처럼 보였는데, 나를 속였던 걸까…….

　물론, 반대 경우도 있었다. 저 아이는 절대 회복될 수 없을 거라 생각했는데 마치 다시 태어난 듯 두 번 다시 범죄를 저지르지 않고 사회에 잘 적응하는 이들도 있었다.

　회복되는 아이들과 회복되지 못하는 아이들, 이 둘을 가르는 열쇠는 대체 무엇일까?

사례 1

▎수차례 자살을 시도하던 열일곱 소녀 ▎

17세 소녀의 인상 깊은 치료 사례를 소개하고 싶다. 아이의 첫인상은 매우 차분해 보였지만 쉽게 마음을 열지 않을 거란 느낌이 들었다. 아이는 각성제를 밀매한 남자 친구의 죄를 뒤집어쓰고 소년원에 들어왔는데, 빨리 출소해 남자 친구와 지낼 날만 기다리며 계산된 행동을 하고 있었다. '흠 잡힐 데 없이 모범적으로 생활하면 충분히 반성했다고 판단할 테니 빨리 나갈 수 있다.' 머릿속엔 온통 이 생각뿐이었다.

　하지만 아이의 계획은 틀어지고 말았다. 자신이 대신 죄를 뒤집어쓰면서까지 지키려 했던 남자 친구가 또 다른 사고를 일으킨 데다 마약 투약 혐의로 체포된 것이다. 남자 친구는 편지로 자신에게 전과가 있기 때문에 적어도 징역 5년형을 받을 것이라는 소식을 전했다.

아이는 "이 바보야! 이 멍청아!" 하고 남자 친구를 원망하면서 울음을 터뜨렸다. 하지만 아무리 울어도 이미 벌어진 일을 되돌릴 수는 없었다. 빨리 사회에 복귀해도 남자 친구는 그곳에 없다. 그것도 5년이나. 아이에게는 너무 긴 시간이었다. 아이는 그렇게 오랫동안 남자 친구 없이 혼자 살 수는 없다고 판단한 듯했다.

자포자기한 아이는 완전히 무너졌다. 모범적이던 소년원 생활은 엉망이 됐다. 전혀 다른 사람이 되어버린 아이는 살아도 의미가 없다, 빨리 죽고 싶다며 몇 번이나 자살을 기도했다. 부모님 면회도 거부했다. 겨우 면회를 해도 "내 장례식에 엄마는 부르지 마세요!"라고 했다.

아이를 만나러 오는 이들은 아이의 양부모였고 친어머니는 따로 있었다. 아이가 장례식에 부르지 말라고 한 사람은 자기를 낳아준 친어머니였다. 친어머니를 장례식에 부르지 말라는 말은 '이번에는 자살에 실패했지만 언젠가 반드시 죽을 것이다'라는 일종의 유언이기도 했다. 양어머니는 눈물을 흘렸고 양아버지는 생각을 바꾸라고 몇 번이나 설득했지만 아무 보람도 없었다. 면회를 마친 양부모가 집에 도착하기도 전에 아이는 다시 자살을 기도했다.

아이는 나에게도 "내 장례식에 엄마는 부르지 마세요"라는 말을 몇 번 했는데, 마음속에는 깊은 상처가 숨어 있었다. 친어머니가 소녀를 낳은 지 2주 만에 편지를 남기고 사라져버려 외할아버지와 외할머니가 손녀를 맡아 키운 것이다. 아이는 초등학교에 들어갈 때까지 외할아버지와 외할머니를 친부모라고 생각하며 자랐다.

그런데 초등학교 2학년 때 친구로부터 "너희 부모님은 친부모가 아냐. 외할아버지, 외할머니야"라는 말을 듣고 양부모에게 사실이냐고 물었다. 양부모는 당황했지만 더 이상 감추는 것은 무리라고 판단해 진실을 털어놓았다. 아이는 이 충격적인 사실을 어떻게 받아들였을까?

▎친어머니에게 받은 두 번의 상처 ▎

그후에도 아이는 평소와 다름없이 생활했다. 예전부터 성적이 우수했고 운동신경도 뛰어났는데, 공부와 운동 모두 더 잘하려고 노력했다. 양부모를 더 많이 돕는 등 착실하고 모범적인 생활도 이어갔다. 걱정했던 양부모는 안도했다. 출생의 비밀을 알고 충격을 받았을 텐데 혼란스러워하는 기색을 전혀 느낄 수 없었기 때문이다.

그런데 아이가 초등학교 5학년이 되었을 때, 친어머니를 만나면서 평온하던 일상이 깨지기 시작했다. 친어머니와 딸은 정신병원에서 만났다. 친어머니는 각성제 후유증 때문에 몸이 망가져 정신병원에 입원해 있었는데 외할아버지와 외할머니가 병문안을 가면서 아이를 데리고 간 것이다.

처음 만난 친어머니는 눈 주변이 검게 착색되어 있었고, 멍한 표정으로 아무 감정도 드러내지 않았다. 딸에게도 관심을 보이지 않았다. 두 사람의 만남은 전혀 감동적이지 않았다. 아마 아이는 '커서 이런 사람이 되고 싶지는 않아'라고 생각했을 것이다.

하지만 아이와 친어머니는 만남을 이어갔다. 친어머니가 아이의 집을 방문하면서 딸과 얼굴을 마주치는 횟수가 늘어났다. 아이는 처음에 무심했지만 자신을 만나러 오는 친어머니에게 조금씩 마음을 열었다. 간식을 사주고 자신이 몰랐던 세상을 이야기해주는 친어머니에게 점차 관심을 가지게 되었다. 친어머니가 "다음엔 네가 엄마 집에 놀러 와" 하면 아이도 친어머니 집에 가보고 싶다는 생각이 들었다.

하지만 양부모는 아이가 걱정스러웠다. 쉽게 싫증내고 변덕스러운 딸이 처음에는 아이를 귀여워해도 언제 또다시 상처를 줄지 몰라 불안했다. 그래도 초등학교에 다니는 동안에는 특별한 문제가 없었고, 아이는 여전히 모범생이었기 때문에 양부모의 걱정은 기우인 것 같았다.

문제는 중학교 진학 후 발생했다. 아이는 중학생이 되고 나서 운동 실력이 더욱 좋아져 2학년 때 유망주 그룹에 들어갔는데, 코치의 훈련 방침을 따르지 않아 곧 그만두게 되었다. 그동안 친구들과 어울리지도 않고 운동에만 매달렸던 아이는 갑자기 실 끊어진 연처럼 삶의 목표를 잃어버렸고, 행실이 나쁜 친구들과 어울리며 밤늦게까지 방황했다.

걱정이 된 양부모가 주의를 주었지만 아이는 거세게 반항했다. 더 이상 예전의 착한 모범생이 아니었다. 예상치 못한 아이의 변화에 불안해진 양부모는 자신도 모르게 해서는 안 될 말을 내뱉고 말았다.

"네 엄마하고 어쩜 그리 똑같니? 차라리 네 엄마한테 가!"

"알았어! 가면 될 거 아냐!"

아이는 곧바로 집을 나가 친어머니에게 갔다. 친어머니는 딸이 양부모에게 반항하고 자신을 찾아왔다는 사실에 기뻐하며 "그래, 잘 왔어. 이제 엄마하고 살자"라며 반겨주었다. 그때는 여름방학이었기 때문에 한동안 친어머니와 함께 살면서 마음껏 어리광을 부리고 싶다는 오랜 꿈을 이룰 수 있었다. 하지만 아이의 꿈은 얼마 지나지 않아 무참히 깨져버렸다. 친어머니의 동거남에게 성폭행을 당한 것이다.

그런데 이 사실을 알게 된 친어머니는 딸을 감싸기는커녕 아이가 자기 애인을 가로챘다며 "이 도둑년!" 하고 욕설을 퍼부었다. 아이는 견디다 못해 친어머니 집을 나왔고 그때부터 방황하기 시작했다.

아이는 1년 넘게 거리를 헤매다가 각성제를 밀매하는 남자를 만나 동거했고, 결국 남자가 저지른 사건에 휘말려 죄를 대신 뒤집어쓰고 교화 시설로 보내진 것이다. 양부모를 배신하고 집을 나왔지만 믿었던 친어머니에게도 버림받은 소녀는 자신처럼 상처를 입고 나쁜 길로 들어선 남자와 교제하며 간신히 숙식을 해결했지만, 남자도 자신의 버팀목이 되어주지 못하자 완전히 체념하게 된 것이다.

▌ 그날의 면담은 무엇이 달랐나 ▌

아이의 내면에는 친어머니에게 버림받고 양부모를 배신한 자신에 대한 혐오와 절망이 있었다. 이를 '이중 자기부정'이라 한다. 게다가 자신이 죄를 대신 뒤집어쓰면서까지 지켜주려 했던 남자가 또다시 죄를 지어 모든 노력을 물거품으로 만들어버렸다. 아이는 남자를 구해줌으로써 자신의 존재 의의를 찾으려 했지만 그런 희생이 무의미하다는 사실을 깨달았다.

절망한 아이는 지금까지 살아온 것 자체가 잘못이라고 생각하고 무의미한 삶을 끝내려 했다. 아이는 열 번 넘게 자살을 기도했고 그 중 몇 번은 정말 위험한 상태에 처했기 때문에 교관들은 늘 긴장하며 아이를 지켜보아야 했다. 약물치료도, 인지행동 치료도, 상담도, 교육도 전혀 통하지 않았다. 죽음을 결심한 사람에게 이런 접근은 모두 쓸데없는 참견에 지나지 않았다. 이대로 가면 아이는 정말 목숨을 잃을 것 같았다.

이런 아이를 바꾼 사람은 양부모인 외할머니와 외할아버지였다. 사실 초반에는 별다른 갈등이 없었는데도 아이가 자살을 기도하거나 상태가 악화될 때가 많았다. 양부모는 매우 성실한 사람들이라 아이를 만날 때면 한숨을 쉬며 걱정하거나 인간의 도리에 관한 이야기만 했기 때문이다. 아이는 속내를 털어놓지 않고 말없이 듣기만 하거나, 입을 열어도 언쟁만 벌이다 면회가 끝나는 경우가 많았다.

사실 이런 만남은 아이를 이해하고 달래주기보다 양부모의 생각을 강요하는 것에 불과했다. 서로를 이해할 수 없으니 불만이 쌓이는 건 당연했다. 아이는 '제발 내 마음을 알아주세요'라는 간절한 바람을 품고 있는데 양부모는 자신들의 기준에만 사로잡혀 아이의 마음을 읽지 못했고, 양쪽의 관계는 점점 악화될 수밖에 없었다.

나는 이 사실을 알고 나서 면회 전 양부모를 따로 만났다. "선생님, 솔직히 이젠 어떻게 해야 할지 모르겠습니다." 그들은 고령인 데다 오랜 시간 아이를 상대하느라 지칠 대로 지쳐 있었다. 솔직하게 말해주니 오히려 희망이 보였다. 내 말에 귀 기울일 준비가 되어 있다는 뜻이었기 때문이다.

나는 지금 상황이 얼마나 심각한지 설명하고 "이번에 손녀를 만나면 아이 말을 그저 들어주기만 하십시오"라고 부탁했다. 죽고 싶다는 말을 해도 꾸짖거나 설득하거나 반박하지 말고 조용히 귀만 기울여달라고 했다.

다행히 이후 면회는 지금까지와 전혀 다른 방향으로 진행됐다. 그동안은 양부모가 대화를 주도하고 아이는 잠자코 듣는 경우가 많았지만 그날은 아이가 대화를 주도했다. 늘 굳은 표정만 짓던 아이는 그날 처음 양부모 앞에서 눈물을 흘리며 고통을 표현했고, 더 이상 살아갈 의미가 없으니 차라리 죽고 싶다고 속마음을 털어놓았다. 양부모는 예전처럼 잔소리를 하거나 훈계하지 않고 그저 눈물을 흘리면서 아이의 말에 귀를 기울였다.

이날 면담으로 특별한 결론이나 해결책이 나온 것은 아니었다. 단지 아이 스스로 자신이 얼마나 절망하고 상처받았는지 털어놓았을 뿐이다. 하지만 이 면담은 분명 전환점이 되었다. 양부모가 자신의 마음을 이해해주었다는 사실만으로도 아이가 안정을 되찾은 것이다.

▌양부모를 되찾고 방황을 멈추다 ▌

그후, 아이는 더 이상 자살을 기도하지 않고 속내를 하나둘 털어놓기 시작했다. 단단한 껍질로 둘러싸여 있던 마음을 열고 스스로 고민과 갈등을 드러내면서 마음을 정리하기 시작했다. 마침내 자신이 남자 친구에게 환상을 가지고 있었다는 사실을 깨닫자, 남자에게 이별 편지를 보내고 완전히 인연을 끊어버렸다. 아이에게 남자는 자신을 버린 친어머니의 분신이나 다름없었다. 남자 친구 역시 자신처럼 버림받은 존재여서 의지할 대상으로 삼았지만, 이제 자신은 더 이상 버림받은 존재가 아니라고 판단한 것이다.

아이는 양부모와 면회를 거듭하면서 "내가 엄마, 아빠 딸로 자라서 정말 다행이에요"라고 털어놓았다. 양부모야말로 자신의 진짜 부모라고 고백한 것이다. 친어머니의 등장으로 양부모에 대한 믿음과 신뢰가 흔들린 데다 변덕스러운 친어머니에게 두 번이나 버림받으면서 양쪽 부모를 모두 잃었던 아이는 '내 진짜 부모는 누구인가? 나는 누구를 믿으며 살아야 하나?' 하고 자문하며 불안에 시달리다 '아무도 믿을 수 없어'라는 결론을 내렸던 것이다.

아이의 고통과 방황은 부모를 되찾는 과정이었다고 볼 수 있다. 아이는 양부모야말로 가장 믿을 수 있는 진정한 부모임을 확인한 후에 비로소 안정을 느낄 수 있었다.

이처럼 행복한 관계를 되찾기 위해서는 과거에 상처받았던 인연을 다시 마주하고 연결해야 한다. 최악의 상황이라고 지레짐작해 포기하지 말고, 상대를 원망하며 자포자기하거나 일방적으로 주장하려 하지 말고 스스로 마음을 열어야 한다.

▌ 안전기지, 애착을 안정시키는 열쇠 ▌

이 아이 외에도 도저히 손을 쓸 수 없는 상태에 이르렀다가 막판에 호전되는 사례에는 공통점이 있다. 당사자가 궁지에 몰렸을 때 가족이 당사자를 '지속적으로' '진지한' 태도로 대하는 것이다.

'진지함'과 '지속적'이라는 두 가지 조건이 충족되면 당사자와 가족의 관계가 개선되면서 본인 스스로 변화하려고 노력한다. 물론, 단번에 되진 않는다. 한동안은 준비 기간이 필요하다. 이때 가족 간의 관계를 회복시키기 전에 '선의를 가진' 제삼자가 양쪽과 어느 정도 신뢰를 쌓은 다음 중립적인 태도로 '안전기지' 역할을 하는 것이 중요하다. 안전기지는 애착을 안정시키는 열쇠여서, 불안정한 애착을 회복시키는 과정에서 아주 중요한 역할을 한다.

　　부모 등 직계가족이 안전기지가 되면 가장 좋지만 부모와의 애착이 불안정하다면 제삼자가 당사자와 가족의 관계를 이어주어야 한다. 의료소년원을 예로 들면 담당 교사나 의사가 '선의를 가진, 중립적인' 제삼자가 될 수 있다. 가족과 당사자 사이에는 이미 오랜 시간 주고받은 깊은 상처와 원망이 자리잡고 있어서 겉으로는 무난해 보여도 내면에는 온갖 생각이 소용돌이치고 있다. 그러니 솔직하게 마음을 열지 못한다.

　　담당 교사나 의사는 편견 없는 마음으로 당사자를 대할 수 있기 때문에 부정적 감정에 얽매이지 않을 수 있고 상대하기도 편하다. 물론, 교사나 의사가 아이의 거친 행동 때문에 낙담하거나 배신감을 느낄 수도 있지만, 부모에 비하면 중립성을 유지할 수 있으니 대처하기가 한결 수월하다.

　　대신, 쉽게 감정에 휘둘리는 사람은 이런 역할을 맡기 어렵다. 아이가 폭언을 한다고 곧바로 화를 내거나 문제 삼는 사람은 안전기지에 어울리지 않는다. 누군가의 안전기지가 되려면 폭언이나 거친 행동에도 흔들리지 않는 냉정함과, 감춰진 속마음을 적절히 읽고 반응할 수 있는 능력이 필요하다.

이런 능력을 일컬어 흔히 '마음 읽기에 탁월하다', '성찰 능력이 뛰어나다'고 한다. 애착이 안정된 사람일수록 이런 능력이 우수해서 좋은 안전기지가 될 수 있다.

이런 사람이 먼저 아이와 신뢰를 쌓고 애착을 안정시키면, 이후 부모가 안전기지 역할을 제대로 할 수 있다. 이 과정을 통해 부모가 아이의 안전기지가 되면 더 이상 제삼자가 개입하지 않아도 좋은 관계가 유지된다. 여기까지 도달하면 아이의 증상이 나아지고 사회 적응도 순조로워진다.

이것이 내가 의료소년원에서 아이들을 치료하면서 발견한 '회복의 원리'다.

▎증상 개선보다 이전의 삶으로 돌아가는 것이 중요하다 ▎

애착 기반 접근법이 탁월한 이유는 어떤 증상이나 문제에도 효과를 발휘하기 때문이다. 애착 기반 접근법은 거의 모든 상태를 개선하는 데 큰 도움을 준다. 물론 불안정한 애착 때문에 생기는 직접적인 문제에 가장 큰 효과를 발휘하지만, 이와 다른 등교 거부, 게임중독, 은둔형 외톨이, 불안장애, 심신증, 스트레스성 장애, 강박성 장애, 통합실조증 같은 정신질환, 선천적 요인이 강하게 작용하는 발달장애나 지적장애도 애착을 안정시킴으로써 충분히 개선할 수 있다.

이처럼 애착이 정신건강의 토대가 되는 이유는 인간의 생존과 심신 안정에 옥시토신 시스템(oxytocin system)이 영향을 미치기 때문이다. 여러 의학 모델은 '질병이 증상을 초래한다'는 가설을 전제로 한다. 그래서 '증상 → 진단 → 치료 → 개선'이라는 치료 모델이 성립된다.

그런데 애착 모델은 '애착 불안정으로 인한 피해 → 불안정한 애착 → 스트레스 내성 및 적응력 저하와 증상 발현'이라는 흐름을 전제로 하기 때문에 회복 과정도 의학 모델과 달리 '불안정한 애착 인식 → 애착 관계 주목 → 애착의 안정화 → 스트레스 내성 및 적응력 개선, 원만한 적응'이라는 회복 과정을 추구한다.

여기서 주목할 점은 애착 모델에서 말하는 회복의 최종 목표는 증상 개선이 아니라 원만한 적응, 즉 '본래 삶의 방식 회복'이라는 사실이다. 이에 따라 증상은 자연스럽게 사라져간다.

애착 모델은 증상 자체를 중요한 문제로 보지 않는다. 오히려 증상에 지나치게 얽매이면 문제의 본질을 잘못 판단하기 십상이다. 따라서 다양한 증상이나 문제 행동의 밑바닥에 자리 잡은 애착 문제를 잘 살피고 대응해야 한다.

　　의학 모델과 애착 모델의 근본 차이 중 하나는, '누구를 환자로 보느냐' 하는 점이다. 의학 모델은 증상이 나타나는 사람을 환자로 본다. 따라서 진단을 기준으로 치료하는 대상도 환자 본인이다.

　　하지만 애착 모델은 환자만 환자로 보지 않는다. 정말로 병을 앓고 있으며 환자에게 증상을 일으키는 사람이 따로 있다고 가정한다. 앞에서 살펴본 아이처럼, 증상을 보이는 환자만 붙들고 아무리 치료해도 고치기 어렵다. 증상의 진정한 원인이 환자 본인보다 주변 환경이나 가족들과 맺은 관계에 있는 경우가 많기 때문이다.

　　앞에서 살펴본 아이는 2차 질병에 걸린 셈이다. 아이가 병에 걸린 게 아니라 주변 어른들과의 관계 때문에 아이에게 증상이 생긴 것이다. 아이가 의료소년원까지 오게 된 진짜 원인은 아이를 보살피지 않고 큰 상처만 준 어른들에게 있었다. 그래서 어른들이 마음과 태도를 바꾸자 아이가 극적으로 호전될 수 있었다.

　　이처럼 환자에게 진단을 내리고 치료할 때 목표로 삼아야 할 대상은, 불안한 환경에서 어떻게든 살아남기 위해 만들어진 '불안정한 애착'이다.

▌문제는, 불안정한 애착이다 ▌

불안정한 애착은 아이가 일관되지 않은 애정과 불안한 양육 환경을 제공한 부모에게 적응한 결과다. 아이는 원할 때만 자신을 보살펴주는 부모에게 기대나 바람 자체를 포기하는 방식으로 적응한다. 무관심한 부모 밑에서 자란 아이는 부모에게 적응하기 위해 감정을 전혀 드러내지 않고 권력이나 돈만 믿게 된다. 어떤 아이는 울면서 소란을 피울 때만 자신에게 관심을 가지는 부모에게 적응하기 위해 과잉행동으로 시선을 끌기도 한다.

이런 아이들은 공격적인 행동이나 거짓말, 울부짖음 같은 문제 행동으로 부모를 난처하게 하는데, 이때 문제 행동의 원인을 아이에게 찾아서는 안 된다. 아이는 단지 자신이 느끼는 불안을 거울처럼 반사할 뿐이다.

의학 모델에서 치료가 필요한 환자라고 판정받는 아이는 질병의 근본 원인을 가진 것이 아니라 자신이 느끼는 여러 감정을 증상으로 표현할 뿐이다. 정말 치료가 필요한 대상은 눈에 보이지 않는 곳에서 질병을 유발하는 존재이거나 때로는 다정한 표정으로 환자를 보호하는 부모, 또는 주 양육자인 경우도 있다. 그래서 기존의 의학 모델만 참고해서 증상을 고치려 한다면 헛다리를 짚을 수밖에 없다.

불안정한 애착은 아이들만의 문제가 아니다. 성인이 되어서도 불안정한 애착을 극복하지 못했다면 중년, 노인 할 것 없이 계속 불안을 느끼기 때문이다. 이런 상태가 지속되면 스트레스에 대한 내성이나 사회 적응력이 떨어지고 부정적인 감정이 내면 깊숙이 쌓여 마음속에 늘 불만이나 분노로 가득 차버린다. 젊은 시절부터 문제가 있을 때마다 주변을 원망하는 사람은 노인이 되어 치매에 걸려도 비슷한 행동을 보인다.

누가 그런 사람에게 다가가려 하겠는가? 그러니 어느 틈엔가 배우자나 자녀에게도 외면당해 점점 고독해진다. 그래도 당사자는 '환경이 문제다', '주변에 나쁜 사람들만 있다'는 식으로 받아들이고 자신은 돌아보지 않는다. 모두 '불안정한 애착' 때문에 나타나는 현상이다. 이런 사람에게 의학 모델을 적용해 산더미 같은 약을 줘봤자 무슨 도움이 되겠는가.

이때도 불행한 일이 연쇄 작용처럼 생겨난 이유가 불안정한 애착 때문이라는 점을 알고 애착 모델에 집중하면 효과적인 해결책을 찾을 수 있다. 상당수 정신질환이나 소위 '이상한 상태'는 상처받은 애착이 좌절을 거듭하면서 증상으로 나타난 결과다. 약이 효과를 내지 못하고 치료가 어려운 사례일수록 애착에 문제가 있는 경우가 많다.

다시 말하지만, 이런 사례에서 효과적인 개선책은 의학 모델보다 애착 모델을 활용해 찾아야 한다. 주변의 소중한 사람들과 맺어온 관계와 애착에 집중해야 회복되기가 쉽다. 애착이야말로 행복한 삶과 원만한 사회 적응의 기반이며, 애착의 작용을 방해하는 요인을 파악해 적절히 치료하면 자연스럽게 회복할 수 있다.

다음 장에서 의학 모델이 제 역할을 다하지 못할 경우, 애착 모델로 증상을 이해하고 회복시키는 것이 구체적으로 어떤 효과가 있는지 다양한 사례로 살펴보자.

2장

의학계,
애착에
주목하다

소중한 사람에게 받은 마음의 상처를 계속 간직하거나
상처받는 데 과민한 상태를 '해결되지 않은 애착'이라고 한다.
해결되지 않은 애착이 있는 사람은 평소에는 밝고 온화해 보이지만
상처를 준 사람을 생각하면 이성을 잃고 표정까지 달라진다.
마음에 생긴 균열을 계속 끌어안고 사는 것이다.

▎착하고 유능한 그녀가 우울증에 걸린 이유 ▎

30대 중반의 여성 치카 씨가 우울감과 대인관계에서 받는 스트레스, 불안, 불면증 때문에 상담을 받으러 왔다. 그녀가 우울과 불안으로 처음 심료내과(정신과와 내과가 합쳐진 일본 특유의 진료과목 – 옮긴이)를 찾은 것은 12년 전으로 당시 20대 초반이었다. 그때 그녀는 약간의 기복은 있지만 줄곧 우울과 초조, 불안 같은 증상을 느꼈다고 했다. 처음에는 항우울제나 항불안제를 복용했고 나중에는 조울증도 의심되어 안정제를 먹었지만 특별한 변화는 없었다.

　　몸은 늘 긴장돼 있고 힘을 뺄 수 없었으며 불쾌한 기억이 자꾸 되살아났다. 직장에서도 처음에는 잘 적응했지만 어느 순간부터 대인관계가 삐걱거렸고 동료들이 싫어져 몇 번이나 이직을 했다. 최근에는 그동안 친하게 지냈던 사람들과도 잘 지낼 수 없게 되었고 사람들이 자신을 멀리한다는 느낌을 받았다. 아니, 생각해보면 상대방이 자신에게서 멀어졌다기보다 자신이 사소한 문제로 트집을 잡아 주변 사람들과 연락을 끊는다는 느낌도 들었다.

치카 씨의 친구들은 곤란한 문제가 있을 때 치카 씨를 찾아와 상의할 정도로 그녀를 의지했지만, 몇몇 친구는 치카 씨가 소개해준 남성과 연애를 하면서 그녀를 외면했다. 그때 치카 씨는 자신이 더 이상 필요 없는 존재가 되었다는 생각에 배신감을 느끼고 먼저 연락을 끊겠다는 마음으로 문자가 와도 건성으로 답했다. 치카 씨는 점점 '사람은 믿을 수 없는 존재'라고 생각했고 결국 아무도 믿지 않게 되었다.

처음 치카 씨가 나를 찾아왔을 때 우울감이 심해진 이유를 '친한 친구가 연애를 하면서 나를 버렸다는 느낌이 들어서'라고 설명했다. 하지만 그녀의 이야기를 자세히 들어보니 다른 친구들이나 직장 동료들과의 관계에서도 비슷한 행동을 반복한다는 사실을 알 수 있었다.

▎몸의 증상과 마음의 문제는 다르다 ▎

치카 씨 행동의 가장 큰 특징은 상대의 마음에 들기 위해 최선을 다한다는 점이었다. 회사에서도 상사나 동료, 고객의 마음에 들기 위해 눈물

겨운 노력을 했기 때문에 초반에는 상대와 매우 끈끈한 관계를 맺었다. 하지만 아무리 최선을 다해도 모든 사람이 치카 씨를 높이 평가해주지는 않았다. 치카 씨의 노력에 상대가 익숙해진 경우도 있고, 치카 씨가 많은 시간과 노력을 들여 새로운 기획을 내놓아도 일방적으로 무시당하는 경우도 있었다. 친절하게 대할수록 상대가 함부로 행동하며 터무니없는 요구를 아무렇지 않게 할 때는 정말 감당하기 힘들었다.

치카 씨는 다른 사람들이 조금이라도 기분 나쁜 태도를 보이면 어쩔 줄 몰라 당황했다. 그녀는 업무 분야 공부도 게을리하지 않고 일처리도 확실했지만 자신감이 부족했기 때문에 늘 '회사를 그만두라고 하지 않을까?' 하는 불안감에 휩싸여 전전긍긍했다. 치카 씨는 타인을 신뢰하지 않았고 관계에서 안정을 느낄 줄 몰랐으며, 모든 일을 끊임없이 나쁜 방향으로만 생각했다.

치카 씨의 상태를 증상만으로 판단하면 어떻게 될까? 가벼운 우울감이 지속된다는 이유로 '기분 변조형 우울증'으로 진단할 수 있고, 불안이나 긴장이 심하고 호흡이 가쁘거나 가슴 두근거림이 잦았다는 점에 주목하면 불안장애 중에서도 공황장애 진단을 내릴 수 있다. 감정 기복에 주목하면 양극성 장애를 의심할 수 있으며, 자기부정이 강하고 버림받는 데 과잉반응을 보인다는 점을 주목하면 가벼운 경계성 인격 장애를 의심할 수도 있다.

이 모든 진단은 치카 씨의 증상을 일부 설명할 수 있기 때문에 나름대로 일리가 있다. 어떤 의미에서는 거론된 질병을 다 가지고 있다고 볼 수도 있다. 하지만 여러 가지 증상을 나열하고 진단하는 방식으로는 환자의 정확한 상태를 파악하기 어려울뿐더러 치료를 하려면 다양한 증상에 효과가 있는 약을 몇 종류씩 복용해야 한다. 그렇게 해서라도 나으면 다행이지만 병이 호전되지 않고 여전히 고통스러워한다면 바람직한 치료라고 보기 어렵다.

치카 씨의 상태를 애착 모델로 살펴보면 어떨까? 치카 씨는 상대가 친구건 동료건 상사건 고객이건, 상대의 마음에 들기 위해 눈물겹게 노력한다. 상대의 표정을 민감하게 살펴 자신에게 호감을 갖지 않는다고 판단하면 불안해서 견디지 못한다. 애착불안(애착하는 대상이 자신을 받아들이는지 여부를 늘 생각하는 사람이 느끼는 불안-옮긴이)이 강한 상태라 할 수 있다. 치카 씨의 대인관계에서 또 하나 눈에 띄는 점은 상처도 쉽게 받지만 상처받았다는 사실을 계속 마음에 담아둔다는 점이다. 그래서 이미 오래전 일도 마치 어제 당한 일처럼 불쾌한 기억으로 떠올리며 계속해서 고통을 받았다. 상처를 준 사람에게 분노하면서 초조해하는가 하면 참을 수 없는 슬픔을 느끼며 우울감에 빠지기도 했다.

이처럼 쉽게 상처받는 사람은 실제로 과거에 상처받은 경험이 많다. 자신에게 상처를 입힌 사람이 자신을 가장 따뜻하게 지켜주었어야 할 부모인 경우도 많다. 또한 부모가 자신도 모르게 자녀에게 상처를 준 경우도 많다.

▌상처받은 애착은 어떻게 불안을 감지하는가 ▌

소중한 사람에게 받은 마음의 상처를 계속해서 간직하거나 상처받는데 과민한 상태를 '해결되지 않은 애착'이라고 부른다. 해결되지 않은 애착이 있는 사람은 평소에는 밝고 온화하고 안정돼 보이지만 자신에게 상처를 준 사람을 생각하면 이성을 잃고 표정까지 달라진다. 마음에 생긴 균열을 계속 끌어안고 사는 것이다.

해결되지 않은 애착은 부모나 상처를 준 사람과 맺은 관계뿐 아니라, 다른 대인관계에도 나쁜 영향을 미친다. 사람을 진심으로 믿지 못하거나 상처를 받는 데 너무 예민해져서, 아무 악의가 없는 사람이나 상황에도 나쁜 감정을 느끼고 과잉반응을 보여 관계를 망가뜨린다. 지금 자기 앞에 있는 사람이나 상황을 통해 과거의 상처를 되살리면서, 자신에게 상처 준 사람들에 대한 불신이나 분노를 현재에 덧씌워 멀쩡한 인간관계까지 무너뜨리는 것이다.

치카 씨도 해결되지 않은 애착으로 인한 상처가 있었다. 어린 시절 수시로 아버지의 폭행과 폭언에 시달린 것이다. 아버지는 성격이 급해서 툭하면 화를 냈는데, 사소한 실수를 해도 "이 멍청아!"라고 소리를 지르며 손찌검을 했다. 그녀는 아버지가 무서워 늘 가슴을 졸여야 했다. 치카 씨는 학창 시절, 발레 발표회 날 갑작스레 생리를 한 일이 있었다. 가뜩이나 당황스럽고 창피한데 이 사실을 안 아버지는 따뜻하게 달래주기는커녕 미련하게 그런 일도 대비하지 못했냐고 화를 내며 폭력을 휘둘렀다. 분명 상대방이 잘못해서 문제가 생겨도 치카 씨 때문이라며 화를 낼 때도 많았다. 어머니 역시 남편이 두려워 딸을 위로해주지 않고 "아버지를 화나게 만든 네가 잘못한 거야"라고 질책했다.

치카 씨는 억울한 꾸지람을 듣고 존재를 부정당하면서 아무도 자신을 지켜주지 않는다는 절망 속에서 자랐다. 이런 환경 때문에 가정에서 안정을 느낄 수 없었으며 사람에 대한 뿌리 깊은 불신에 사로잡혔다.

마음에 생긴 균열은 그곳에 손만 닿아도 불안에 떨게 만드는 일종의 '센서'이다. 과거에 상처받은 경험과 비슷한 상황에 맞닥뜨리면 즉시 마음이 위축되거나 이성을 잃는 등 불안에 빠진다.

실제로 치카 씨는 성인이 된 후에도 작은 실수라도 하면 '아버지가 알면 또 화를 내지 않을까?' 하는 불안감에 시달렸다.

▌증상만 개선해서는 나아질 수 없다 ▌

치카 씨처럼 학대를 당하면서 자라진 않았어도 부모의 다툼이나 이혼 및 재혼, 사망, 별거 등을 겪었거나 연인에게 상처받은 사람이 이를 극복하지 못했을 경우, 해결되지 않은 애착 때문에 병적인 증상이 나타나는 경우가 많다.

치카 씨는 버림받는 데 지나치게 예민해진 나머지 타인의 반응에 과도하게 신경 쓰며 불안해하고, 누군가 과거의 상처를 건드리면 불안해지는 문제를 안고 있었다. 애착은 대인관계에서 안정을 느끼는 밑바탕인데 애착이 불안정하니 불안과 우울이 심해지고, 버림받는 데 예민해지고 쉽게 상처받다 보니 모든 관계에서 문제가 생긴 것이다.

치카 씨에게 일어난 문제를 증상만으로 이해하는 것이 얼마나 표면적이고 일시적인 접근인지 알 수 있다. 증상만 개선해서는 수십 년이 지나도 같은 상태가 지속될 수밖에 없다.

애착이 상처를 받으면 심리가 불안정해진다는 것은 정말 중요한 문제다. 불안정한 애착이 내면에 깔려 있으면 만성 우울증, 불안, 정서 불안, 자기부정이 나타나고 버림받는 데 예민해지며 사람을 믿지 못하게 된다. 굳이 다양한 진단명을 늘어놓지 않아도 불안정한 애착이라는 근본 문제 하나로 모두 설명할 수 있다.

정서적 안정의 토대를 이루는 애착에 주목해야 여러 증상에서 눈을 돌려 본질적인 문제에 접근할 수 있다. 하지만 지금 의료계는 정반대 방향으로 가고 있다.

만약 기분이 가라앉거나 의욕이 생기지 않아 병원을 찾으면 십중팔구 우울증이나 우울한 상태라는 진단을 내리고 항우울제 또는 항불안 작용을 하는 약물을 처방해줄 것이다. 그런데 '우울한 기분' 때문에 병원을 찾는 사람들 중 진짜 우울증인 사람은 열 명 중 한 명도 되지 않는다. 그래도 의사는 우울증 진단을 내리고 약물을 처방한다.

　본래 우울증은 중년기 이후에 생기는 병이다. 오랜 시간 성실하게 일하며 활기차게 생활하던 사람이 중년기를 지나면서 갑자기 활력을 잃고 비관적인 생각만 한다면 우울증에 걸렸을 가능성이 크다. 하지만 20대나 30대에게 우울한 증상이 생겨 일시적으로 치료를 받아도 비슷한 증상이 반복된다면 오히려 우울증이 아닐 가능성이 크다.

　우울증 환자에겐 항우울제 복용이 정말 효과적인 치료법이다. 약물 복용으로 자살 기도 같은 비극을 막고 회복을 도울 수 있다. 문제는 우울증이 아닐 경우 항우울제를 복용하면 나아지기는커녕 오히려 나른해지는 등 부작용이 나타나고 상태가 더욱 악화된다는 점이다.

　항우울제보다 훨씬 편리한 항불안제로 증상을 완화시킨다 해도 근본 원인을 해결하지 않았기 때문에 사실상 증상이 완전히 나아지지는 않는다. 약을 끊으면 바로 재발하고 시간이 흐를수록 상태는 악화된다. 약물 때문에 증상이 더 복잡해지는 것이다. 이렇게 되면 항불안제에 의존하면서도 상태는 전혀 호전되지 않아 약물 투여를 중단할 수도, 계속할 수도 없는 상황에 처한다.

　이런 일은 지금도 끊임없이 발생하고 있다. 진정한 원인과 필요한 치료는 따로 있는데 핵심에서 벗어난 진단과 치료를 하기 때문이다. 그러니 환자의 상태는 전혀 나아지지 않고, 설령 일시적으로 나아지더라도 금방 다시 악화된다.

증상만으로 진단을 내리는 이런 풍조는 정신의학 분야에 특히 만연해 있다. 답답하고 불안한 이유, 잠을 잘 수 없으며 집중력이 떨어지는 이유는 수없이 많다. 아니, 질병이라 부르기조차 의심스러울 때가 훨씬 많다. 어쩌면 학교나 회사에서 힘들거나 기분 나쁜 일을 겪어서 나타난 일시적 증상일 수도 있다. 그런데 의학 모델을 참고해 증상만 보고 원인을 진단하는 의사라면, 체크리스트를 보고 기계적으로 진단해버린다.

이런 방식으로 양산되는 대표적인 질환이 우울증이다. 최근에는 ADHD 같은 발달장애도 비슷한 양상을 보인다.

▌진단과 치료의 관계를 바꾸기 ▌

핵심에서 벗어난 진단과 치료가 만연한 또 한 가지 요인은 진단과 치료의 역전이다. 무슨 말일까? 본래는 객관적인 진단을 내리고 이에 근거해 치료법을 생각해야 한다. 그런데 현실은 다르다. 의사가 모든 질병을 고칠 수는 없기 때문이다. 치료할 수 없는 질병은 무슨 진단을 내려도 회복시킬 수 없다.

하지만 의사는 본능적으로 '환자를 치료하고 싶다'고 생각하기 때문에 자신이 치료할 수 없는 병에도 치료 가능성이 있는 진단을 내리고 처치한다. 의사가 치료할 수 있는 질병이냐 아니냐에 따라 진단이 내려진다는 뜻이다.

치료의 중심은 약물 투약이다. 효과적인 약이 있는 질병이나 증상이라면 의사는 약을 처방해 증상을 호전시킨다. 그런데 처방할 약이 없는 진단을 내리면 "우리는 환자분을 치료할 수 없습니다"라고 말할 수밖에 없다. 대개 성실한 의사는 환자에게 이런 사실을 알려준다. 그러나 힘들게 찾아온 환자를 위해 어떻게든 도움을 주고 싶어 하는 의사들이 더 많다.

따라서 치료를 하려면 약의 효과를 기대할 수 있는 질병이란 진단을 내리거나 "질병 자체는 치료할 수 없을지 몰라도 증상만은 약으로 개선할 수 있습니다"라고 접근해 약을 처방해야 한다.

결국 의사가 약물치료에만 관심이 있거나 다른 방법이 없다면, 보다 적절한 진단과 근본적인 대처법이 있어도 일단 약물치료를 전제로 진단할 수밖에 없다. 이 경우, 유감스럽게도 약물이 아닌 다른 방법으로 증상을 개선할 수 있을지 여부는 거의 고려하지 않는다. 체크리스트를 바탕으로 기계적으로 진단하면 더욱 그렇다. 한마디로 '증상만 보고 약물을 투여하는' 경우가 너무 많다. 많은 의사들이 오랜 세월 그렇게 진료할 수밖에 없었던 것이 현실이다.

의학 모델의 한계도 이런 현실을 강화한다. '환자의 증상을 개선해 병을 치료한다'는 인식 때문에 현실의 문제에 올바로 대응할 수 없다. 결국 반드시 필요한 치료와 의료 서비스에 차이가 벌어지고, 약값을 하기는커녕 환자가 약물에 중독되는 사태가 발생한다.

의학 모델을 적용할 때 가장 널리 쓰이는 약물치료로 얼마나 효과를 볼 수 있을까? 상당수 항우울제나 수면제는 소위 가짜 약을 투여해도 진짜 약과 거의 비슷한 효과를 낸다. 실제로 약효가 있는지 없는지를 둘러싼 판정은 미묘하다.

항우울제의 경우 오히려 가짜 약의 부작용이 적고(일부 약에 민감한 사람들은 가짜 약에도 다양한 부작용을 겪는다) 진짜 약의 효과가 떨어지는 황당한 결과가 나오기도 한다. 물론 이것은 실험 초기의 일시적 반응이고, 시간이 지날수록 진짜 약이 효과를 발휘해 진짜 약을 복용한 사람과 가짜 약을 복용한 사람의 치료 격차는 점점 벌어진다.

다만, 가짜 약에도 지속적으로 효과를 보이는 사람이 있다. 약효의 상당 부분은 '의사에게 진찰을 받고 약을 먹었다'는 심리적 안도감에 기인하기 때문이다. 이를 플라세보 효과라 한다. 이 효과는 의사를 신뢰하고 의사와 좋은 관계를 맺을수록 강하다. 결국 약물치료의 효과는 의료 기술도 중요하지만 의사가 자신의 이야기를 잘 들어준다거나 치료를 받았다는 안도감에서 나오는 것이다.

▎모든 '마음의 병'에 효과적인 애착 모델 ▎

플라세보 효과는 의학 모델이 지향하는 '진단에 근거한 정확한 치료'라는 거창한 효과가 아니라 어머니가 우는 아이를 안고 달래주는 데서 비롯되는 단순한 효과에 더 가깝다. 의학 모델보다 애착 모델로 설명하는 게 납득하기 쉽다는 뜻이다. 왜냐하면 애착 모델은 증상의 종류나 진단명, 치료 내용과 관계없이 모든 '질병'에 효과적이기 때문이다.

이와 관련해 프랑스의 에밀 쿠에(Emile Coué)가 시작한 암시요법을 주목할 만하다. 그는 개인 진료소 개업 후 정말 단순한 치료로 놀라운 효과를 끌어냈다. 그가 쓴 방법은 "반드시 좋아질 것입니다"라며 환자를 격려하고 긍정적인 말과 사고방식을 유도하며 '증상이 완화된다'는 암시를 하는 것이었다. 어린 환자가 오면 환부를 쓰다듬으며 "낫는다, 낫는다, 낫는다…… 나았다!"라고 환자와 함께 주문을 외듯 반복하는 식인데, 효과가 엄청나서 쿠에의 진료소에는 프랑스 전역에서 몰려온 환자가 가득했다고 한다.

쿠에의 진료소에서 일했던 코프만의 치료법도 주목할 만하다. 코프만은 아이들을 치료하면서 스승인 쿠에를 능가하는 성과를 보였다. 눈꺼풀처짐 때문에 일곱 살 때까지 앞이 보이지 않았던 아이의 시력을 회복시키거나 당시에는 불치병으로 여겨졌던 결핵을 완치시키는 등, 문자 그대로 환자를 기적처럼 회복시켰다.

코프만 역시 아이를 꼭 안고 부드럽게 쓰다듬으며 점점 좋아지고 있다는 말을 반복해주었다. 또한 아이가 희망을 가질 수 있도록 부모에게 절대 부정적인 말을 하지 말라고 당부했다. 포옹이나 애무는 애착 호르몬인 옥시토신의 분비를 촉진하는데, 코프만은 환자를 쓰다듬는 방식으로 마음을 안정시키고 여기에 암시요법을 더해 효과를 높인 것이다. 부모가 어린 환자를 대하는 태도를 지도한 방식은 이 책의 주제이기도 한 애착 기반 접근법의 앞선 모델이었다.

이처럼 의학 모델이 아닌 애착 모델에 집중하면, 그동안 비과학적이라고 조롱받던 방법이 사실은 소독약을 바르거나 필요하지도 않은 약을 복용하는 것보다 얼마나 이치에 맞고 효과적인지 알 수 있다.

▎환자 역할을 강요당하는 사람들▎

의학 모델이 현실적인 욕구를 충족시키지 못하는 상황은 정신질환뿐 아니라 암이나 노인성 질환의 경우에서도 볼 수 있다. 이때 자주 문제가 되는 것은 질병 치료에만 집착하느라 환자가 그동안 살아온 과정을 돌아보지 않는다는 점이다. 수명을 연장시킨다는 이유로 인간의 존엄성을 무시하는 상황도 종종 발생한다.

평온하게 세상을 떠나고자 하는 환자의 몸 위에 걸터앉아 심장

마사지를 하는 행위를 절대 원치 않는 사람도 있을 것이다. 이미 멈춘 심장에 바늘을 찔러 넣어 아드레날린을 주입하는 식으로 수명을 몇 시간 더 연장시키고 싶어 할 사람이 몇이나 될까? 이런 경우야말로 의학 모델과 현실적인 욕구가 조화를 이루지 못하고, 의학적 가치관과 환자의 바람이 갈등을 빚는 순간이라 할 수 있다.

이처럼 불안정한 애착 때문에 생기는 문제를 질병의 증상이라고 보는 견해는 중세의 천동설이나 다름없다. 한마디로 심각한 오해이자 오류다.

심지어 의학 모델의 오류 때문에 어린아이들이 환자나 장애인 역할을 부당하게 요구받는 경우도 있다. 이 아이들은 부모와 안정된 애착을 형성하지 못해 생기는 여러 문제에 노출돼 있지만, 부모에게 매달리지 않고는 생존할 수 없기 때문에 절대 반항하지 못할 뿐 아니라 부모를 미워하기도 어렵다.

장년기에 접어든 30~40대에게도, 중년기에 접어든 50~60대에게도 안정된 애착은 대인관계나 정서에 지대한 영향을 미친다. 하물며 아직 부모의 보살핌이 필요한 어린아이에게, 애착의 안정 여부는 내면이나 행동에 절대적인 영향을 끼칠 수밖에 없다.

현실에서는 불안정한 애착 때문에 나타나는 문제를 환자 개인의 질병이나 장애로 진단하는 경우가 적지 않다. 이는 의학의 이름으로 저지르는 인도적 '죄'다.

▌ 강박적으로 머리카락을 뽑던 5학년 아이 ▌

한 어머니가 자꾸 머리카락을 뽑는 초등학교 5학년 아들을 데리고 상담을 하러 왔다. 오래된 버릇인지 아이는 틈만 나면 머리카락을 뽑았다. 그러다 보니 머리카락이 확연히 줄어들었고 군데군데 완전히 휑한 부분도 있었다. 주의를 주어도 그때뿐, 아이는 시간이 지나면 다시 머리카락을 뽑았다.

　　문제는 이뿐만이 아니었다. 아이는 부모의 돈을 훔치고 거짓말을 했다. 산만한 성격에 가끔 돌발 행동을 하고 물건을 자주 잃어버리거나 선생님 말을 흘려듣는 경우도 있었지만 최근에는 어머니가 주의를 주어도 조심하기는커녕 반항기까지 보여 도저히 감당이 되지 않았다.

　　아이는 학교에서도 선생님이나 친구들과 갈등을 빚는 일이 많아졌다. 생활도 제멋대로여서 시키지 않으면 숙제를 하지 않고 학원도 가기 싫다고 투덜댔다. 주의를 주면 더 노골적으로 불평불만을 늘어놓았다. 성적도 떨어졌다. 부모님은 아이를 보면서 매일 마음을 졸였다.

　　이 아이의 증상을 가지고 진단을 내리면 다음과 같은 병명을 붙일 수 있다.

　　첫째, 머리카락을 강박적으로 뽑으니 '발모벽'이라 할 수 있다. 거짓말을 하거나 부모님의 돈을 훔치는 행위가 반복되니 '행동장애'라 할 수 있고, 거짓말이 심해지는 증상에 집중하면 '허언증'이라고 부를 수도 있다. 산만하고 충동적이며 주의력이 부족하니 'ADHD'라고 볼 수도 있다. 부모나 교사에게 고분고분하지 않고 반항적인 태도를 보이며 아무하고나 갈등을 빚고 걸핏하면 문제를 일으킨다는 점에서 '반항도전성 장애'를 생각할 수도 있다.

이처럼 아이의 증상에만 초점을 맞추면 여러 복잡한 진단명을 늘어놓게 된다. 저마다 타당성은 있지만 이런 진단은 '이 아이는 문제투성이'라는 막막함과 절망감을 안길 뿐 지금 이 아이에게 무슨 일이 생기고 있는지, 앞으로 어떻게 대처해야 하는지 알 수 없다.

▌아이는 그저 사랑받고 싶은 것이다 ▌

하지만 이 아이의 문제를 애착 모델로 살펴보니 훨씬 이해하기가 쉬웠다. 아이의 부모는 전문직에 종사했는데 워낙 바쁘다 보니 아이를 보육원에 맡겨 키웠다. 물론 '단순히 보육원에 맡기기만' 했던 것은 아니다. 부모의 교육열이 높아 아들에게 거는 기대가 남달랐기 때문에 어린 시절부터 학원도 여러 개 다녔다. 일주일 내내 낮에는 보육원, 저녁에는 학원을 다니는 생활을 지속했다. 아이를 사랑하지만 양육은 다른 사람에게 맡긴 채 학원을 보내 공부를 시키는 데 너무 치중했던 것이다. 부모는 아이의 일상에 끊임없이 간섭했고 때로는 심하게 꾸짖기도 했다.

결국 아이에게 부모는 안정감이나 친밀함을 느끼는 대상이라기보다 입만 열면 명령을 내리고 자신의 말을 부정하거나 잔소리를 퍼붓는 존재가 되어버렸다. 자연스러운 애정 표현은 고사하고, 부모에게 어리광을 부리거나 힘들 때 마음을 털어놓는 경우도 점차 줄어들었다. 아이는 항상 강요와 지배를 당하고 부모 말에 복종해야 했다. 공감을 바탕으로 하는 유대 관계가 결코 끈끈해질 수 없었다.

거짓말이나 반항도 애착과 연관된 경우가 많다. 사실은 응석을 부리고 싶은데 일부러 부모가 화를 내는 행동을 한다. 사실대로 말하면 부모가 화를 낼지도 모르기 때문에 거짓말하는 습관이 몸에 배기도 한다. 자주 야단맞고 학대당하는 아이에게서 볼 수 있는 전형적인 반응이다. 물론 부모는 자신이 아이를 학대한다고 생각하지 않는다. 부모는 아이를 가르친다고 생각하지만 아이 입장에서는 안정감이나 주체성을 위협받는다는 점에서 학대와 다를 바가 없다.

거짓말은 '통제형 애착'의 대표적 증상이다. 통제형 애착이란 예측하거나 이해할 수 없는 부모의 꾸중에 대처하느라 자기도 모르게 부모를 통제함으로써 자신을 지키려 하는 애착 유형이다. 거짓말을 해서라도 일단 부모의 꾸지람에서 벗어난다. 결국 거짓말이 들통 나 더 심하게 혼날 것을 알지만 당장 눈앞의 두려움에서 벗어나 안전을 확보하기 위해 바람직하지 못한 방법에 의존하는 것이다.

통제형 애착을 보이는 아이들 중에는 부모에게 학대를 당하거나 부모의 정서가 매우 불안정해서 무슨 일이 일어날지 모르는 상황에 처한 경우가 많다. 이런 상황에서 조금이라도 자신을 지키기 위해 예측할 수 없는 현실을 통제하려 한다.

이런 아이는 아주 어린 시절 애착이 가장 불안정한 '무질서-혼란형'이었던 경우가 많다. 지금 당장 자신이 처한 상황에 휘둘릴 뿐, 마음을 안정시키거나 주변 사람을 믿을 수 없다. 부모가 지금은 웃고 있지만 언제 무엇을 빌미로 또 화를 낼지, 언제 자신을 때릴지 알 수 없기 때문이다.

성인도 이런 상황에 놓이면 자신의 생사를 결정하는 사람만 살피고 어떻게든 눈앞의 상황에서 벗어나기 위해 전전긍긍한다. 이 불확실한 상황에서 벗어나야 한다는 생각에만 몰두할 뿐, 앞일을 계획할 여유가 없다. 하물며 힘도 없고 지혜도 부족한 아이는 오죽할까? 그러니 지금 이 순간만 생각하고 필사적으로 버티는 수밖에 없다. 지금 느끼는 행복이 언제 어떻게 변할지 알 수 없기 때문에 다음을 생각할 여유 따위는 없다. 아니, 미래를 생각하면 현재의 행복조차 충분히 즐길 수가 없다.

무질서형인 아이는 ADHD와 비슷한 다동성 또는 충동성 문제를 보이기 쉽다. 이미 ADHD인 아이가 학대를 당하면 문제 증상이 더 심해진다는 사실도 잘 알려져 있다. 앞에서 살펴본 아이의 문제는 타고난 성향과 연관이 있을 수도 있지만 불안정한 애착 때문에 더욱 악화되었을 가능성이 크다. 실제로 이 아이는 불안정한 애착 때문에 발생하기 쉬운 증상들을 드러내고 있었다.

물론, 모든 문제가 불안정한 애착 때문에 생긴다고 말하고 싶지는 않다. 다양한 요인이 있을 수 있으니까. 그래도 증상을 개선할 때 문제의 본질이 무엇인지 파악해야 효과적인 치료를 생각할 수 있다.

그런 의미에서 모든 현상이 애착에서 비롯된다고 이해하면 증상만을 보고 진단명을 늘어놓는 것보다 문제를 해결하는 데 훨씬 도움이 된다. 애착 모델이 우수한 이유는 문제를 개선하는 데 필요한 의견을 제시할 뿐 아니라 실제로 효과를 발휘하기 때문이다. 실제로는 도움이 안 되는 단순한 이론과는 커다란 차이가 있다. 특히 개선하기 매우 어려운 증상, 부모의 영향을 많이 받는 아이나 청소년의 문제에 매우 효과적이다.

이 사례에서도 아이의 문제 행동을 개선하기보다 부모와의 애착을 안정시키는 것을 목표로 삼았다. 그러자 머리카락을 뽑는 행동이 개선된 것은 물론이고 학교에서 보이는 태도나 학습 의욕 개선에도 뚜렷한 진전을 보였다. 아이는 1년 후 완전히 회복되었다.

▌ 상처받은 애착은 일상을 마비시킨다 ▐

이 아이의 사례에서도 의학 모델의 전제를 확인할 수 있다. 아이가 툭하면 거짓말을 해서 소아정신과에 데려왔다면 허언증이라 진단하고 치료할 것이다. 부모도 의사의 진단을 듣고 '역시 우리 아이가 병을 앓고 있었어', '허언증에 걸려서 거짓말을 했던 거야'라고 생각할 수 있다.

하지만 허언증은 원인이 아니라 결과라는 점을 놓쳐서는 안 된다. 허언증이라는 질병이 있는 게 아니라 거짓말을 하는 증상에 그런 병명을 붙인 것이다. 오히려 '허언증이 있는 아이는 부모에게 지나치게 꾸지람을 듣거나 사랑받지 못한다고 느끼는 경우가 많다'는 사실에 주목해야 한다. 아이보다 부모가 문제라는 뜻이다. 이 경우 아이의 행동보다 아이를 대하는 부모의 태도를 지도하는 게 더 효과적이다.

만약 증상의 원인을 진단명으로 삼는다면 이 아이에게는 '지나치게 꾸짖는 병'이나 '애정 결핍'이라는 진단명이 실제 상황에 훨씬 더 가깝다. 부모의 '지나치게 꾸짖는 병' 때문에 이 순간만이라도 꾸지람에서 벗어나고 싶은 아이가 거짓말을 하는 것이니 말이다. 그런데 증상만 보고 허언증이라고 진단하면 증상의 진정한 원인을 이해하기 어려울 뿐 아니라 당사자에게만 치료를 강요하게 된다.

의학 모델은 질병이나 장애를 당사자의 문제라고 생각하기 때문에 자꾸 당사자를 진찰하고 치료하려 한다는 문제를 안고 있다.

　　발달장애의 하나인 ADHD를 생각해보자. ADHD의 특징은 주의가 산만하고 가만히 있지 못하며 충동적이고 과잉행동을 보인다는 점이다. 지금까지 ADHD는 유전 요인이 강한 선천적 장애라고 생각했다. 그래서 ADHD 진단을 받아도 어쩔 수 없다고 판단하는 경우가 많았다.

　　하지만 내가 임상 현장에서 만나는 ADHD 환자들은 대부분 학대나 폭행을 당한 경험이 있었다. 물론 ADHD를 앓으면 가만히 있지를 못해 꾸지람을 듣기 십상이라고 생각할 수 있지만 꾸지람을 듣거나 폭력을 당해 ADHD 증상이 더 심해지는 경우도 있다.

　　부모의 사정 때문에 복지시설에서 자란 아이는 산만함, 충동 성향을 보이는 빈도가 높다. 또한 학대나 양육 포기 때문에 생기는 애착장애는 ADHD와 비슷한 증상을 보이는 경우가 많다. 애착장애 때문에 생기는 충동성이나 산만함 때문에 ADHD 진단을 받기도 한다.

　　이 말은 애착장애 진단을 내려야 하는데 ADHD라고 진단하는 경우가 적지 않다는 뜻이다. 이런 문제도 결국 의학 모델을 바탕으로 한, '증상을 보이는 사람이 진단의 대상'이라는 고정관념 때문에 발생한다. 진짜 원인을 숨긴 채 너무 예민하거나 저항할 수가 없어서 증상을 보이는 사람에게 질병이나 장애 때문이라는 원인을 강요하는 셈이다.

▌ 어떤 치료는 학대가 된다 ▌

의학 모델은 병원균이나 외상같이 외부 요인으로 발생한 장애, 유전자나 생활습관 등 본인에게 내재된 특정 요인 때문에 발생한 질환이나 장애에는 제 기능을 한다. 하지만 개인의 심리적 행위가 관련되어 있을 때는 제 기능을 하기 어렵다. 외적 요인 때문에 생긴 장애라 해도 '뮌하우젠증후군(Münchausen syndrome, 타인의 사랑이나 동정심을 유발하려고 거짓말, 학대, 자해 행위를 하는 증상—옮긴이)'에 걸린 부모 밑에서 학대를 당한 아이가 질병이나 장애를 얻는 경우가 있다.

이 경우, 아무리 당사자를 치료해도 증상은 낫지 않는다. 아이에게 헌신적이고 애정이 깊은 줄 알았던 부모가 오히려 아이를 아프게 한다는 사실을 파악하고, 부모가 아이에게 접근하지 못하게 해야 증상을 개선할 수 있다.

이처럼 아이에게 버팀목이 되어주어야 할 부모가 오히려 문제를 일으키는 상황을 드물지 않게 볼 수 있다. 독극물이나 병원균을 아이에게 먹여 병을 유발시키진 않아도, 심리적으로 불안정하거나 부부 사이가 나쁜 부모는 자기도 모르게 자녀에게 큰 스트레스를 주어 아이가 병에 걸리기도 한다. 아이의 일거수일투족을 간섭하고 자기 뜻대로 밀어붙여 아이의 주체성을 억제하고 무기력하게 만드는 부모도 있다.

이때 의학 모델에 지나치게 얽매여 아이에게만 집중하면 무슨 일이 일어나는지 알기 어렵다. 질병은 2차 증상이지 원인이 아니기 때문이다. 증상에만 집중하지 말고 보다 넓은 관점으로 지금 아이에게 무슨 일이 생겼는지 이해해야 정확한 진단과 처방을 내릴 수 있다.

아이에게 생기는 상당수 문제의 원인은 당사자보다 가정이나 학교에 있는 경우가 많다. 아이에게 가정이나 학교에서 마음을 나눌 사람이 있는지, 자신이 인정받고 있다고 생각하는지가 중요하다. 실제로 집안 분위기가 좋아지고 주변으로부터 인정을 받게 되면 질병이나 장애로 보였던 증상이 사라지기도 한다. 발달장애인 경우도 사람 자체는 변하지 않지만 생활환경이 변화되면서 호전되는 사례가 많다.

이런 문제는 부모와 자녀 사이에 가장 흔하지만 부부, 연인, 교사와 학생, 상사와 부하 직원 사이에도 나타날 수 있다. 사실 남편이나 상사에게 문제가 있는데 아내나 부하 직원이 증상을 호소하는 경우가 엄청나게 많다. 그러니 당사자를 아무리 치료해도 한계에 부딪힐 수밖에 없다.

문제의 본질은 환자가 가장 신뢰해야 할 존재와 어떤 관계를 맺고 있느냐다. 나를 보살피고 지켜주어야 할 존재가 오히려 나를 불안하게 만들거나 위협할 때 심각한 질병에 걸리는 이유는, 그와 맺는 관계가 그만큼 특별하기 때문이다. 나를 인정하고 지켜주리라 기대했는데 정반대 취급을 받으면서 상처가 깊어진 것이다.

이때 받는 충격은 아이가 학대를 당할 때 느끼는 심리적 충격과 본질적으로 같다. 학대당한 아이에게 발생하는 문제를 애착장애라 부르듯, 본래 도움을 받아야 할 특별한 존재에게 상처를 받을 때도 애착장애가 생긴다. 이는 단순한 '관계성 장애'나 '사회 부적응'이 아니라 말 그대로 애착장애다. 애착장애가 생기면 어떤 관계도 원만할 수 없다. 가정폭력이나 집단 괴롭힘 역시 당사자에게 애착장애를 일으켜 일상생활과 대인관계 전반을 불가능하게 만든다.

따라서 문제의 본질을 정확히 인지하고 효과적으로 대처하려면, 증상이 생기는 이유를 환자 개인의 질병이나 유전 때문이라고 여기는 의학 모델을 버려야 한다. 자신을 지켜주어야 할 존재로부터 오히려 위협을 받아 애착장애가 발생한다고 보아야 한다.

▌ 가정이 안전기지가 되어주지 못할 때 ▐

평범한 가정에서도 학대는 흔히 일어난다. 몸에 흔적이 남는 신체적 학대가 아니어도 부모가 지나치게 엄격해서 아이를 심리적으로 지배하거나 부모의 지시를 따르지 않으면 벌을 주는 식의 양육법은 자주 접할 수 있는데 이런 양육도 아이에게는 학대가 될 수 있다.

가장 흔한 사례는, 부모가 자녀의 진로에 지나치게 개입해 아이의 적성이나 관심사는 외면하고 원하는 공부를 하지 않으면 화를 내는 경우다. 지난 2016년 8월 일본에서 발생한, 아이가 공부를 하지 않는다는 이유로 아버지가 아이를 흉기로 찔러 살해한 사건은 결코 유별난 가정의 특수한 문제가 아니다.

　아이의 문제 행동을 고치겠다고 체벌을 하는 경우도 쉽게 볼 수 있다. 문제 행동 지도와 학대의 기본 구조는 같다. 부모가 본인 기준을 강요했을 때 잘 따르면 착한 아이라고 칭찬하지만 제대로 따르지 않으면 나쁜 아이로 간주해 벌을 주는 행위의 공통점이다.

　이러한 일방적인 소통은 안전기지의 기본 조건인 응답성, 즉 아이의 반응을 온전히 받아들이고 소통하며 아이를 평가하는 대신 공감해준다는 기준에서 벗어난다. 일방적 강요와 평가에 얽매인 아이는 주체성뿐 아니라 안정을 느낄 수 있는 공간도 잃어버린다. 결국 가정이 안전기지가 아닌 위험 기지나 강제수용소가 되어버리는 셈이다.

　이는 지도라는 그럴듯한 명목을 내세운 학대일 뿐이다. 어떤 지도 방식이건 학대 요소가 포함돼 있다면 아이를 위협하고 의욕을 빼앗아 더욱 심각한 문제를 야기한다. 공부 잘하는 아이로 키우겠다고 욕심을 부리다 오히려 아이가 공부를 싫어하거나 공부를 거부하게 만드는 경우도 흔하다. 결과적으로 아이의 재능을 짓밟는 셈이다. 아이의 문제를 바로잡겠다고 엄격하게 지도하다가 문제 행동이 더욱 심해져 반항이나 비행으로 이어지는 경우도 많고, 무기력이나 긍정성 결여 등 훨씬 심각한 문제를 낳기도 한다.

　　의학 모델을 바탕으로 하는 진단과 치료 역시 자칫하면 학대와 비슷한 결과를 가져올 수 있다. 부모가 자신의 기준에서 벗어나는 아이를 나쁜 아이 취급하듯 의학이 증상의 책임을 환자 개인에게 돌려 소위 이상한 사람, 문제가 있는 사람이라고 진단한다면 이것도 일종의 학대라고 볼 수 있지 않을까?

▌환자 개인의 문제가 아니다 ▌

우울증을 생각해보자. 어떤 사람이 자꾸 기분이 가라앉아 병원을 찾았다가 우울증 진단을 받았다. 이 사람은 의사에게 우울증 때문에 기분이 가라앉고 의욕도 생기지 않는다는 설명을 듣는다.

　　하지만 사실 이 사람이 남몰래 나쁜 일을 저질러 무의식 중에 죄책감에 사로잡혀 있었을 수도 있고, 어린 시절 어머니에게 받은 상처가 지금까지 남아 있었을 수도 있다. 의학 모델을 바탕으로 진단할 경우, 이러한 상세한 사정은 숨겨진 채 마치 우울증 때문에 증상이 생긴다는 착각을 일으킬 수 있다.

　　이런 증상을 자주 접하는 전문가일수록 같은 증상을 보이는 사람을 기계적으로 진찰하고 약을 처방한다. 자신이 치료하려는 질병이

2장 ──── 의학계, 애착에 주목하다

허구에 지나지 않을 수도 있다는 사실은 완전히 잊어버린다.

이런 방식이 편리한 것은 사실이다. 복잡한 설명을 생략해도 되니 말이다. 대신 진단을 내리는 순간, 이것이 허구일 수 있다는 사실을 전문가조차 잊어버리는 경우가 많다. 아니, 전문가일수록 오히려 의학 모델을 신뢰하기 때문에 허구일지도 모르는 병명이 실체라고 착각하기 쉽다. 결국 어떤 병명으로 진단을 받은 환자는 자신이 실제로 병에 걸렸다고 믿는다. 회복하려면 당연히 이 질병을 고쳐야 한다고 생각한다.

전형적인 예가 애착장애와 적응장애다. 적응장애는 학교나 회사에 적응하지 못하거나 지나치게 스트레스를 받아 우울, 불안 증상이 생기는 것을 말한다. 이때도 증상만으로 판단하면 우울증이나 불안장애 진단을 내리게 된다.

그런데 이런 사례 중에는 질병에 해당하는 우울증과는 달리 시간이 지나거나 기존 환경에서 벗어나면 증상이 사라지고 예전처럼 활기를 되찾는 경우가 많다. 이 경우 환자가 우울증에 걸렸다기보다 갑작스런 환경의 변화 때문에 일시적으로 스트레스를 받아 생긴 증상이라는 사실을 분명히 이해할 수 있다. 애착장애는 갓난아기 때부터 받는 스트레스가 누적된 결과인 경우가 많기 때문에 어찌 보면 장기간에 걸쳐 나타나는 후유증이라고도 볼 수 있다. 환경에 맞서거나 다른 환경을 선택할 여지가 없으니 갓난아기가 얼마나 힘들었을지는 충분히 상상할 수 있다.

애착장애나 적응장애라는 진단명에는 '환자만의 문제가 아니다'라는 의미가 포함돼 있다. 하지만 병명 자체는 어디까지나 당사자에게만 주어진다. 병명을 붙여야 할 대상은 양육자나 환경일 수도 있는데 당사자만 환자 취급을 받는 것도 의학 모델의 한계라 할 수 있다.

▌ 의학 모델이 제 기능을 다하려면 ▌

독자들이 오해하지 않도록 한 가지 덧붙이자면, 의학 모델이 무조건 나쁜 것은 아니라는 점이다. 지금까지 의학 모델의 한계와 단점을 거듭 설명했지만, 당연히 필요하고 효과가 크기 때문에 오랜 세월 의학계에서 활용해왔다는 점을 꼭 알았으면 한다.

앞에서도 설명했듯 '복잡한 설명을 생략할 수 있다'는 것은 의학 모델의 큰 장점 중 하나다. 병명만 알아도 강하게 설득되기 때문이다. 이해할 수 없었던 증상이 사실은 어떤 질병 때문이라는 설명은 광기에 사로잡혀 있던 사람도 한순간 수긍하게 만들 정도다. 대다수 사람들은 "그 증상은 질병 때문에 생긴 것입니다"라는 설명을 들으면 더 이상 의문을 갖지 않고, 상식적으로 받아들일 수 없는 증상도 의학 모델로 설명하면 대부분 받아들인다.

이처럼 증상의 원인을 살펴 병명을 밝혀내고 치료하는 의학 모델은 '정밀 진단과 치료'라는 의료 체계를 낳았다. 의학 모델이 감염증을 제외한 나머지 분야에서 생명 연장에 뚜렷한 성과를 낸 건 아니지만, 환자를 살릴 수 있는가 없는가는 제쳐두더라도 환자의 현재 상황을 정확히 알 수 있다는 점에서 절대적인 신뢰를 얻은 것은 사실이다.

의학 모델을 신뢰하는 정도는 끝없이 쏟아붓는 막대한 의료비를 봐도 알 수 있는데, 병원에 가도 별 소용이 없다고 생각하면 이렇게 많은 사람들이 병원을 찾지는 않을 것이다. (참고로 일본의 의료비는 연간 40조 엔을 넘는데, 이는 국가 총 예산의 40퍼센트에 해당한다.)

이처럼 의학은 거의 절대적인 신뢰를 얻고 있다. 효용 측면에서 보면 마치 종교와 같다. 신이 없는 시대를 살아가는 사람들이 종교 대신 매달릴 대상을 찾다 보니 의학이 발전한 것인지도 모르겠다.

하지만 어떤 대상이 절대적 권위를 얻게 되면 반드시 폐해가 뒤따른다. 의료계의 경우, 적용하지 말아야 할 대상에도 쉽게 의학 모델을 적용하는 문제가 발생했다.

평소에는 활발하고 상냥하며 책임감이 강하던 사람이 최근 들어 기운이 없고 퉁명스럽고 의욕도 없어 보인다고 하자. 만약 이 사람이 우울증에 걸렸다는 사실을 알면 주변 사람들은 "그동안 너무 열심히 살아서 그래"라며 따뜻한 마음으로 챙겨줄 것이다. 우울증에 걸리면 상대가 평소와 다른 상태라고 여기기 때문이다. 그동안 '요즘 왜 저렇게 게으르지?' 하며 못마땅하게 바라보던 사람도 이 사실을 알면 더 이상 그 사람을 차갑게 대하지 않고 배려해주는 것이다.

발달장애도 마찬가지다. 종잡을 수 없는 발언이나 자기중심적인 행동은 주변 사람들을 초조하고 불편하게 만들지만, 그가 발달장애 진단을 받으면 주변에서도 당사자가 어쩔 수 없는 장애 때문에 어려움을 겪고 있다고 이해할 수 있다. 따라서 의학 모델을 적절히 활용하면 주변 사람들이 환자를 이해하거나 받아들일 가능성이 높다. 그렇다고 당사자의 상태가 특별히 호전되진 않지만, 본인과 주변 사람들의 관계가 개선되면서 상황이 극적으로 좋아지는 경우도 적지 않다.

경계성 인격장애에도 같은 논리를 적용할 수 있다. 어떤 사람이 자해를 하면 주변 사람들은 매우 당황하며 부정적으로 대하는데, 정작 당사자는 아무도 자신을 이해해주지 않는다고 생각해 더 불안한 행동을 한다. 이때 의사가 "경계성 인격장애입니다"라고 진단하고 "이 사람은 주변 사람들을 곤란하게 하려고 자해하는 게 아닙니다. 자기부정이 강하다 보니 자해라는 극단적인 방식으로 감정의 균형을 잡으려 하는 거지요"라고 설명해주면 사람들의 인식이 조금씩 달라진다. 주변 사람들이 자신을 이해해준다고 생각하면 당사자의 상태도 나아지기 쉽다.

이처럼 의학 모델은 '환자'라는 이름으로 당사자를 보호하는 역할을 한다. 따라서 상황에 맞게 의학 모델의 장점을 활용해야 한다. 단, 의학 모델은 편리한 만큼 설득력이 매우 강해서 이를 안일하게 확장해 심리나 사회 문제에 적용할 경우 더 큰 문제를 야기할 수 있다는 점을 잊지 말아야 한다.

▌ 복잡한 사례일수록 애착을 살핀다 ▌

우울증, 기분장애, 경계성 인격장애, 불안장애, 젊은 나이에 발병하는 양극성 성격장애, 해리성 장애, ADHD, 행동장애, 허언증, 발모벽, 병적 도벽, 외상 후 스트레스 장애, 섭식장애, 알코올 의존증, 약물 의존증, 인터넷의존증은 모두 불안정한 애착과 관련 있고 위험성 또한 높은 대표적 질병이다.

　한편, 심각한 애착장애는 우울증, 불안, 자기부정 같은 정신적 문제뿐 아니라 거짓말, 비행, 의존, 자해를 비롯한 자기파괴적 행동으로 이어지기 쉬워 당사자의 일상이나 인생 전체에 치명적인 영향을 끼치는 경우가 적지 않다. 하지만 심각한 애착장애는 발달장애와 구분되기 때문에 상당수 의학 모델은 환자를 애착장애가 아닌 발달장애로 진단한다.

　여러 질병을 동시에 진단받은 사람은 각각의 질병이나 장애가 중복되어 있다기보다 애착장애 때문에 일련의 문제가 발생한다고 생각하는 쪽이 이해하기 쉽다. 그런데 의학 모델을 적용해 겉으로 드러나는 증상만 살피면 진짜 문제는 놓치기 쉽다. 또한 불행하게도 본인의 문제라고 여겨 치료를 해도 당사자의 증상이나 문제 행동 개선만 목표로 삼는 경우가 많다.

의학 모델을 이런 식으로 적용하면 설사 증상이 개선되어도 나중에 더 복잡하고 난해한 문제가 생길 수 있다. 증상이나 문제 행동은 진짜 문제가 무엇인지 파악하고 적절히 대처하라는 경고이기 때문이다. 애착 모델을 적용하면 이런 증상은 '애정을 회복하려는' 시도이자 호소다.

한 아이가 울고 있다. 자신에게 관심을 가져달라는 뜻일 수도 있고 안아달라는 의미일 수도 있다. 불쾌한 일을 겪었을 수도 있다. 그런데 아이가 우는 상태를 증상으로 보고 '잘 우는 병'이라고 진단해, 울지 않게 해주는 약을 처방하거나 행동 치료를 하면 어떻게 될까? 아이는 더 이상 울지 않겠지만 울음으로 호소하고자 했던 아이의 의도는 완전히 무시된다.

어린아이라면 부모가 다독여주는 것으로 충분할 것이다. 하지만 단순히 증상만 해소하고 문제를 완전히 해결했다고 판단하면 결국 아이는 자신의 바람을 충족시키지 못한 채 성장할 수밖에 없다. 이 아이가 어떤 성인이 될지 상상하기는 어렵지 않다. 성인이 되었을 때 자신이 겪었던 것과 같은 방식으로 우는 아이를 보면 따뜻하게 안아주어야겠다고 생각하지 않고 약이나 행동 치료로 울지 않게 만드는 데만 신경

쓸 것이다.

　　여러 병명이 동시에 나타나는 복잡한 증상을 보일수록 애착에 문제가 있을 가능성이 크다. 그러니 이때는 의학 모델보다 애착 모델을 적용해야 한다. 그래야 여러 증상이 나타나는 원인을 이해하고 해결책을 찾을 수 있다.

　　애착 모델을 근거로 한 문제 해결법은 4장 이후에서 살펴보고 다음 장에서는 애착이 어떻게 발견되고 이론으로 발전해왔는지 알아보자.

3장

애착은
어떻게
애착이론으로
발전했나

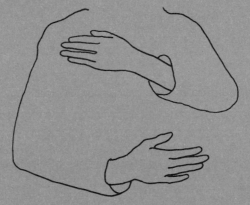

영국의 정신과 의사 존 볼비는 아이가 주 양육자와 맺는 관계가
정서 발달에 정말 중요한 역할을 한다는 점을 확인하고
이를 '애착'이라고 불렀다.

이후 볼비의 공동 연구자이자 심리학자인 메리 에인스워스는
아이와 주 양육자의 안정된 애착이 빚어내는 안도감의 기반을
'안전기지'라는 개념으로 설명해 애착이론을 크게 발전시킨다.

애착의 중요성을 이해하게 된 지는 기껏해야 반세기밖에 되지 않았다. 이전까지 어머니와 아이는 젖을 먹이고 보살핌을 받는 실리적인 이유로 맺어진 관계이며, 어머니가 더 이상 젖을 먹이지 않아도 되면 아이는 자연스럽게 어머니에게서 벗어난다는 식으로 설명했다. 또 어머니가 아이를 지나치게 아끼면 아이가 나약해지고 자립심이 부족해지기 때문에 바람직하지 못하다고 여겼다. 또한 과거에는 동서양을 막론하고 부권이 강했기 때문에 어머니보다 아버지와 자녀의 관계를 더 중시했다.

▌존 볼비, 애착을 발견하다 ▌

이런 인식은 오랜 세월 동안 당연하게 받아들여졌지만, 당시의 상식으로는 설명할 수 없는 사실에 주목하는 사람들이 등장하기 시작했다. 대표적인 사람이 영국의 정신과 의사인 존 볼비(John Bowlby)다.

볼비는 의사가 된 직후 청소년 보호시설에서 근무했는데, 절도를 한 아이들의 사례를 수집하면서 놀라운 사실을 깨달았다. 시설에 있던 거의 모든 아이가 어머니의 사랑을 제대로 받지 못했던 것이다.

이후 볼비는 제2차 세계대전으로 고아가 된 아이들을 조사하면서 어머니를 잃은 아이들이 엄청난 충격을 받았다는 사실을 알게 되었다. 충분한 영양과 보살핌을 받아도 아이들의 성장이 멈추는 등 신체, 정서, 행동발달 면에서 다양한 문제를 안고 있었다. 기존 이론으로는 이런 현상을 설명할 수 없었다. 처음에 볼비는 '모성 박탈'이라는 용어로 이런 현상을 설명하고자 했다.

그후 볼비는 모자 관계가 깨질 때 발생하는 치명적인 충격이 인간뿐 아니라 동물에게도 나타난다는 사실을 확인하고, 모자 관계를 생물학적 현상으로 이해하기 시작했다. 그리고 어린아이가 특정 양육자와 맺는 관계가 정서 발달이나 안정에 정말 중요한 역할을 한다는 점을 확신했다. 볼비는 이를 '애착'이라고 불렀다.

볼비는 동물을 관찰한 후 포식자에게 잡아먹힐 위험에서 자식을 지키려면 어미가 반드시 곁에 있어야 하며 이런 상황에서 신체 접촉을 원하는 심리가 애착으로 진화했다고 생각했다. 볼비는 자신을 지켜줄 뿐 아니라 불안할 때 매달릴 수 있는 대상이 정서적 안도감의 기반

이 되어줄 때, 아이가 활발한 '탐색'을 할 수 있다는 사고를 발전시켰다. 즉 아이는 안도할 기반이 있어야 지적, 사회적, 정서적 경험을 쌓을 수 있으며 신체적으로도 건강하게 성장해 안정된 인격을 갖출 수 있다는 것이다.

한편, 볼비의 협력자이자 애착이론을 크게 발전시킨 심리학자 메리 에인스워스(Mary Ainsworth)는 양육자와 아이의 안정된 애착이 빚어내는 안도감의 기반을 '안전기지'라는 개념으로 설명했다.

▌메리 에인스워스의 네 가지 애착 유형 ▌

볼비가 애착이론의 아버지라면 에인스워스는 어머니라고 부를 만한 존재다. 미국에서 태어나 심리학을 공부한 에인스워스는 결혼 후 런던으로 이주해 일을 찾던 중 볼비가 공동 연구자를 모집한다는 광고를 보고 그의 동료가 되었다.

지금은 모자 관계의 중요성이나 애착이론에 관심이 많지만 두 사람이 공동 연구를 시작했을 때만 해도 여기에 주목하는 사람이 거의 없었다. 볼비의 연구도 높은 평가를 받기는커녕 의심스럽다는 눈초리를 받을 때가 더 많았다. 미국에서 건너와 영국 사정을 잘 모르는 에인스워스가 볼비의 공동 연구자가 된 데는 이런 배경이 있었다.

하지만 이런 현실은 다행히 전화위복이 되었다. 에인스워스는 기존 이론에 얽매여 있지 않았기에 자신이 직접 관찰한 사실을 바탕으로 완전히 새로운 발견을 할 수 있었다. 애착이론의 기초를 구축하는 데 빠질 수 없는 중요한 역할을 수행한 것이다.

에인스워스는 런던에 정착한 지 4년 후에 남편과 우간다 캄팔라(Kampala)로 이주하면서 이 기회를 적극 활용했다. 그녀는 볼비 밑에서 3년 반 동안 연구하면서 애착의 중요성을 확신했지만, 런던에서는 애착이 제대로 형성되지 못한 사례 위주로 관찰할 수밖에 없었다. 그렇다면 반대로 주 양육자와 아이 사이에 애착이 안정되면 어떤 현상이 나타날까? 애착을 안정시키기 쉬운 조건은 뭘까? 에인스워스는 우간다에서 이 연구에 집중했다.

그녀는 스물여섯 개 가정을 9개월간 관찰한 결과, 어머니가 안전기지 역할을 다하면 어머니와 아이 사이에 안정된 애착이 형성된다는 사실을 발견할 수 있었다. 아이는 위험을 느낄 때만 어머니 품 안에서 안정을 찾고, 위험이 사라지면 어머니에게서 벗어났다. 어머니라는 안전기지가 존재하기 때문에 아이는 '놀이'라는 탐색을 마음 놓고 즐길 수 있었던 것이다.

우간다에서는 대부분 어머니와 아이가 강한 애착으로 연결되어 있었다. 물론 어머니를 잘 따르지 않고 어리광을 부리지 않는 아이들도 있었다. 그렇다면 두 어머니 유형의 차이는 무엇이었을까?

에인스워스의 연구 결과, 가장 중요한 요인은 어머니의 감수성이었다. 어머니가 아이의 변화나 징후를 놓치지 않고 재빨리 반응하는 대부분의 가정에서는 아이의 애착이 안정돼 있었다. 반면 어머니가 아이의 반응에 관심이 없거나 아이가 울어도 따뜻하게 안아주지 않는 가정에서는 어머니와 아이 사이에 애착이 약하거나 심지어 전혀 없는 경우도 볼 수 있었다.

▎ 안정형, 회피형, 양가형, 무질서형 ▎

10년 후, 에인스워스는 미국 볼티모어에서 또 다른 조사를 시작한다. 볼티모어는 캄팔라와는 전혀 다른 근대적인 대도시인데, 놀랍게도 상당수 아이들이 캄팔라의 아이들과는 반대 반응을 보였다. 볼티모어에서는 어머니들이 아이들에게 안전기지 역할을 충분히 해주지 않아도, 애착이 안정되어 있거나 놀이에 집중하는 아이들을 쉽게 볼 수 있었다.

에인스워스는 충격을 받으면서도 강한 흥미를 느끼고, 애착의 질을 구별하는 '낯선 상황 검사법'을 고안한다. 한 살짜리 아이와 어머니가 낯선 방에 들어가고 이어서 낯선 사람이 등장하는데, 아이가 장난감을 가지고 노는 동안 어머니가 잠시 사라졌을 때 아이의 반응을 관찰하는 것이다. 처음 접한 낯선 환경에서 어머니와 떨어지는 시련을 겪을 때 아이가 어떤 반응을 보이는지 살펴보는 것은 애착의 질을 구별하는 매우 유용한 방법이다.

실험 결과, 어머니와의 애착이 매우 안정된 아이들은 어머니가 사라지면 잠시 불안해하다가 어머니가 돌아오면 다시 마음 놓고 놀이에 집중했다. 에인스워스는 이를 '안정형 애착'이라고 불렀다.

어머니가 사라져도 아무 관심 없이 놀이만 하는 아이들도 있었다. 이 아이들은 어머니가 돌아와도 특별히 좋아하지 않고 계속 놀이에 집중했다. 이 아이들은 평소에도 어머니에게 응석을 부리지 않고 어머니와의 관계가 특별히 친밀하지도 않았다. 에인스워스는 이를 '회피형 애착'이라고 했다. 특이한 점은, 이런 태도를 보이는 아이들의 심박수를 측정한 결과 어머니와 분리되자 올라가는 것을 알 수 있었다. 이를 통해 겉으로 보이는 변화는 없어도 신체는 실제로 반응한다는 사실을 확인했다.

에인스워스는 볼티모어의 아이들이 어머니가 있건 없건 놀이에 집중한다는 점에 깜짝 놀랐다. 우간다에서는 극소수였던 회피형 애착이 볼티모어에서는 훨씬 높은 비율을 차지한 것이다.

어떤 아이들은 어머니가 사라지면 지나칠 정도로 불안해하고, 어머니가 돌아와도 좀처럼 놀이에 집중하지 못하고 어머니가 자기를 두고 사라졌다는 사실에 화를 내면서 어머니를 밀치거나 때리기도 했다.

어머니가 또 나를 두고 가지 않을까 하는 불안을 계속 드러내기도 했다. 이런 아이들은 지나칠 정도로 어머니에게 집착하는 한편, 어머니가 안아주려 하면 거부하거나 오히려 공격하는 양면 반응을 보인다는 점에서 '양가형 애착'이라고 불렀다.

　　에인스워스는 애착을 이렇게 세 가지 유형으로 분류했지만 그녀의 제자인 메리 메인(Mary Main)은 한 가지 유형이 더 존재한다는 사실을 발견했다. 어머니를 다시 만났을 때 얼어붙듯 굳어지거나 당혹스러워하거나 고개를 돌린 채 다가가는 기이한 반응을 보이는 유형이었다. 이런 반응은 순간적으로 나타나기 때문에 쉽게 눈치채지 못한다. 애착 유형이 일정하지 않고 다양한 반응이 동시에 나타난다는 점이 특징이었다. 메리 메인은 이를 '무질서-혼란형 애착'이라고 불렀다.

　　이는 학대당하는 아이들에게서 나타나는 전형적인 유형이다. 아이는 부모에게 의지하고 매달릴 수밖에 없기 때문에 부모에게 애착을 느끼면서도 때로는 공포를 느끼는 가혹한 상황을 받아들이다 보니 이런 반응을 보이는 것이다.

　　이런 반응은 신체적 학대를 당하는 아이에게만 나타나는 사례가 아니다. 자신들은 매우 좋은 부모라고 생각할 수 있지만, 이런 가정에서도 아이에게 지나치게 강요하거나 아이의 뜻을 꺾으려 하는 심리적 학대를 가하면 아이가 이런 반응을 보일 수 있다.

▎ 부모의 성격이 애착 유형에 미치는 영향 ▎

에인스워스는 애착을 유형별로 분류하고, 유형별 애착이 형성되는 데 어머니의 태도가 대단히 중요하다는 사실도 밝혀냈다.

안정형 아이를 둔 어머니는 대체로 감수성이 높았다. 이를 '응답성'이라고도 하는데, 아이의 바람이나 욕구를 재빨리 파악하고 즉각 대응하되, 아이가 원하는 수준 이상으로는 받아주지 않고 아이 욕구에 맞춰 그때그때 적절히 대응했다. 한마디로 '아이의 안전기지'가 되어준 것이다. 이 어머니들은 모유 수유를 비롯한 아이와의 스킨십을 즐기는 경향을 보였다.

회피형 아이를 둔 어머니는 대체로 무심하고 아이가 다가오는 것을 귀찮아했다. 아이가 울거나 슬픈 표정을 지어도 아이를 더 안아주거나 다정하게 대하지 않았다. 이 유형의 어머니들은 아이와 신체 접촉을 할 때도 기쁨보다 불편함을 느꼈다. 이처럼 아이가 아무리 어머니를 원해도 어머니가 다정하게 대하거나 반응을 보이지 않는 상황이 반복되면, 아이는 어머니가 더 이상 자신을 원하지 않는다고 생각할 수 있다. 때로는 어머니에게 거부당했다고 여겨 분노하기도 한다. 이런 아이들은 커서 평소에는 차분하다가 갑자기 화를 내는 일이 많다.

그런데 거부하거나 무심한 부모와 정반대로 지나친 보호와 간섭을 하는 부모에게 통제당하면서 자라는 아이들도 회피형이 된다는 사실이 최근에 밝혀졌다. 본인의 주체성이나 욕구와 관계없이 일방적으로 의무가 주어지고 지시받는 상황에 처하면 아이는 자기 의지를 가질 수 없고 마치 서커스단의 원숭이처럼 수동적이 된다. 이런 아이는 부모를 안전기지라기보다 자신을 심리적으로 지배하고 학대하는 존재로 여긴다. 이처럼 부모에게 심리적으로 지배당하면서 자란 사람은 타인을 자신의 자유를 방해하는 번거로운 존재로 생각하게 된다. 그래서 주변 사람들과 물리적, 심리적으로 거리를 두는 식으로 자신의 안전과 자유를 확보하려는 행동을 하기 쉽다.

이런 환경에서 자란 사람은 부모가 지나치게 많은 것을 결정하기 때문에 자신의 뜻이나 의지대로 행동하지 못해, 결국 본인도 자신이 뭘 원하는지 모르는 상황에 놓인다. 선천적으로 회피형인 아이는 일찍 자립해서 다른 사람에게 의지하지 않으려 하는 반면, 심리적 지배를 받으면서 자란 후천적 회피형 아이는 친밀한 관계나 정서적 관계를 즐기지 않고 부모에게 의존하는 착한 아이가 되기 위해 다른 사람들의 눈치를 살피는 경우가 많다. 회피형과 양가형이 혼재된 '두려움-회피형'이 되기 쉬운 것이다.

양가형 아이를 둔 어머니는 변덕이 심해서 어떤 날은 아이의 요구에 지나칠 정도로 예민하게 반응하다가 어느 때는 다른 일에 정신이 팔려 아무 반응도 보이지 않는 이중적인 태도를 취하는 경우가 많다. 또한 아이의 욕구와 어긋난 반응을 보이거나 엉뚱한 행동으로 오히려 아이를 불안하게 만든다.

아이를 따뜻하게 보살피던 어머니가 둘째를 갖거나 부부 사이에 문제가 생겨 아이에게 소홀해지는 식으로 애정 표현이나 보살핌의 정도가 갑자기 달라지는 경우도 있다. 이런 변화도 아이를 불안하게 만들거나 어머니가 반응할 때까지 끈질기게 요구하는 성향을 심어줄 수 있다.

'무질서-혼란형'은 앞에서도 말했듯 학대당하는 아이의 대표적인 유형이다. 학대 경험이 있는 아이의 80퍼센트 이상이 이 유형에 해당하는데, 자신이 심리적 학대를 당한다는 사실을 들키지 않으려고 행동을 감추는 일부 아이에게서도 이 유형이 나타난다.

이 외에도 부모가 양육을 큰 부담으로 느끼고 아이 때문에 자신의 삶이 침해당한다고 생각하거나 마음의 상처 때문에 아이에게 얽매이는 경우에도 아이는 확고한 안정감을 느낄 수 없어서 언젠가 부모라는 버팀목이 사라지지 않을까 두려워한다. 이처럼 예측하기 어려운 상황에서 살아갈 수밖에 없을 경우 무질서형에 빠질 위험이 크다.

이 같은 장기 관찰 연구가 계속되면서 어린 시절 형성된 애착 유형이 성인이 된 후에도 오랫동안 지속된다는 사실이 밝혀졌다. 또한 불안정한 애착을 보이는 아이는 성인이 되었을 때 특유의 문제나 증상을 보이기 쉽다는 사실도 드러났다.

안정형 아이는 성인이 되어서도 정서가 안정되고 인간관계나 사회생활에도 가장 무난하게 적응한다. 스트레스에 대한 내성도 높고 필요할 때는 도움을 요청할 줄 알며 자기주장도 확실하다. 당연히 이혼율도, 여러 질병에 걸릴 위험도 낮다.

회피형 아이는 다정하지 않고 표정이 굳어 있어 쉽게 호감을 얻지 못해 교사나 친구들로부터 냉정하거나 부정적이라는 평가를 받을 가능성이 크다. 학교에서 폭력, 반항, 비행 같은 문제를 일으키기 쉬워 어린 시절 가해자가 되는 경우가 많으며 성인이 된 후에도 폭력을 행사할 위험이 크다. 심신증이나 해리성 장애에 걸리기도 쉽다. 신체 감각이나 감정에 둔하고 힘들거나 괴로운 심정을 표현하거나 도움을 요청하는 데 서툴기 때문에 질병에 걸릴 가능성도 크다. 인격에 문제가 생길 가능성도 커서 자기애성 인격장애, 강박적 인격장애, 분열병질 인격장애 등이 생길 수 있다. 사회성이 부족하고 뭐든 혼자 힘으로 해결하겠다는 태도를 보이기 때문에 인생을 생각보다 힘들게 만들 수 있다.

양가형 아이는 사람들의 표정에 민감하고 지나친 애정과 인정을 바랄 가능성이 크다. 이를 '불안형 애착'이라고 하는데, 이 유형은 인간관계에서 피해를 입는 경우가 많다. 또한 불안장애나 의존증에 걸리기 쉽고 의존성 인격장애나 히스테리성 인격장애로 발전하기도 한다.

무질서-혼란형 아이는 ADHD를 비롯한 정서장애와 행동장애, 경계성 인격장애를 포함한 다양한 질병에 걸릴 가능성이 높다.

▌ 애착은 세월처럼 새겨진다 ▌

초기의 애착 연구는 주로 영유아와 어머니의 관계를 대상으로 실행되었다. 에인스워스 역시 어린아이와 어머니의 관계를 연구했고 애착 유형을 분류할 때도 한 살짜리 아이를 대상으로 삼았다.

하지만 아이는 언젠가 성인이 된다. 그 후에는 어떻게 될까? 만약 아이가 성장하면서 어린 시절과 다른 애착 유형을 보인다면 부모에게 또 다른 애착 유형이 있었던 것이라고 볼 수 있지 않을까?

이런 의문을 해결하는 데 가장 크게 공헌한 사람이 에인스워스의 제자인 메리 메인이다. 메인은 아이가 한 살, 여섯 살 때 각각 애착의 안정성을 검사하고 부모의 애착 유형도 평가해 둘 사이의 관련성을 조사했다. 애착 유형을 평가할 때도 획기적인 방법을 시도했다. 한 살 아이를 검사할 때는 에인스워스와 같은 낯선 상황 검사법을 도입했지만 여섯 살 아이를 검사할 때는 가족의 이별 사진을 보여주고 느낌을 이야기하게 했다.

그 결과, 이별을 직접 겪지 않았다 해도 피실험자의 말이나 반응을 통해 애착 유형을 충분히 구분할 수 있다는 사실을 밝혀냈다. 안정형 아이는 가족이 헤어지는 모습을 보고 외로울 거라는 데 공감했지만 크게 동요하지는 않았다. 회피형 아이는 '모르겠다'라는 식으로 별다른 느낌을 표현하지 않았다. 양가형 아이는 무조건 부모를 따라가야 한다며 지나치게 매달리다가도 떠나는 부모를 원망했다. 무질서형 아이는 도망친다, 숨는다는 반응을 보여 부모가 공포의 대상이 될 수도 있음을 보여주었다.

메인은 부모의 애착 유형을 특정하기 위해 '성인 애착 면접법'을 고안했다. 자신과 부모의 관계를 떠올릴 때 생각나는 형용사를 다섯 개 말하고, 각 형용사와 관련된 에피소드를 이야기하며 부모에 관한 추억을 설명하는 방식이다. 자신의 부모를 얼마나 긍정적으로 얘기하는가, 구체적인 에피소드를 떠올릴 수 있는가, 일관되게 정리해서 이야기하는가에 주목하자 애착 유형과 안정성 여부를 매우 정확하게 파악할 수 있었다.

안정형 참가자는 자신의 인생 경험을 이야기할 때 실제로 얼마나 행복한가와 관계없이 풍부한 추억을 긍정적으로 정리해서 설명했다.

회피형에 가까운 애착 경시형 참가자는 부모가 별 문제 없는 좋은 사람이라고 설명했지만, 구체적인 에피소드나 어린 시절 추억은 기억하지 못하는 경우가 많았다. 과거와 마주하지 못하고 기억을 차단하는 방식으로 마음의 평안을 유지한 결과였다. 이때 상담을 통해 기억을 떠올리게 하면 부정적인 에피소드를 기억해내는데, 이런 훈련을 반복하면서 감정을 표현하고 감각을 되찾는 경우가 많았다.

양가형 아이와 비슷한 집착형 참가자는 성인이 된 후에도 과거 일을 떠올리며 강하게 분노했다. 특히 부모에게 부정적인 감정이 커서 혼란스러워하거나 말이 길어지기도 했다.

미해결형 참가자는 다른 에피소드들은 차분하게 이야기할 수 있었지만 애착에 상처를 받았던 사건을 떠올리는 순간, 이성을 잃고 혼란스러워하며 격정에 휩싸였다. 자신과 아무 상관이 없는데도 "부모님은 나 때문에 돌아가셨다"고 말하는 식이었다. 이들은 아이에 비유하면 무질서형 중에서도 '혼란형'에 가까웠다.

메인은 피실험자의 구체적인 사연을 모르고 일상을 상세히 관찰하지 않더라도, 인터뷰만으로 당사자의 몸에 세월처럼 새겨진 애착 유형을 충분히 유추할 수 있다는 사실을 밝혀냈다. 메인의 실험은 이후 추가 연구를 통해 '애착 유형'이라고 불리게 되었다. 성인의 애착 유형은 어린 시절의 애착 유형과 관련성이 높으며 이것이 평생 유지되는 경우가 많았다.

▎애착 유형은 대물림된다▎

메인은 이 실험을 더욱 확장시켜 40여 가정을 대상으로 아이와 부모 간 애착 유형을 조사해 놀라운 결과를 얻었다.

한 살 시기와 여섯 살 시기의 애착 유형이 대부분 일치했을 뿐 아니라 어머니의 양육 방식과도 상당 부분 일치했던 것이다. 또한 아이의 유형을 보면 어머니의 유형을 예상할 수 있었다. 특히 안정형과 불안정형은 일치하는 확률이 매우 높았는데, 안정형 어머니의 아이는 안정형, 애착경시형 어머니의 아이는 회피형, 집착형 어머니의 아이는 양가형인 경우가 매우 많았다. 대신 아버지와 맺은 애착 유형은 그다지 강한 연관성을 보이지 않았다.

이 결과를 비롯해 다양한 추가 실험과 장기 연구 결과, 안정형 아이는 안정형 성인으로 자랄 가능성이 크고 이 아이가 부모가 되었을 때 자신의 어머니처럼 아이를 안정형으로 기르기 쉽다는 사실이 밝혀졌다. 다른 유형들도 마찬가지였다.

이 결과는 애착의 유형과 안정성 여부가 당사자의 문제로 그치지 않고 자녀, 손자에게 대물림된다는 사실을 시사한다. 맞으면서 자란 아이가 훗날 가정폭력을 휘두를 가능성이 크듯, 한 집안에 비슷한 불행이 반복될 가능성이 크다. 불안정한 애착이 세대를 거쳐 전달되는 이유를 어느 정도 설명할 수 있게 된 것이다.

물론 매우 힘든 환경에서도 불행의 대물림을 끊고 안정된 애착을 보이는 사람도 있었다. 이런 사람에게는 무슨 일이 있었던 것일까? 이 의문은《애착 수업》이라는 이 책의 집필 목적과도 매우 관련이 깊다.

한편, 메인은 안정형과 불안정형이 자주 쓰는 말에서 각 유형의 중요한 특징과 차이점을 발견했다.

▎메타 인지가 성찰 능력을 결정한다 ▎

안정형과 불안정형이 주로 쓰는 말과 생각의 차이는 '메타 인지'라는 마음의 작용에서 찾을 수 있다. 안정형은 메타 인지가 잘 발달해 있다. 메타 인지란 매사를 그저 떠오르는 대로 생각하는 것이 아니라 제삼자 입장에서 고민하는 것이다. 즉 자신의 문제를 자신만의 관점으로 보지 않고 한 걸음 물러나 객관적으로 돌아보는 능력을 말한다. 이렇게 하면 설령 힘든 일이 생기더라도 고통에만 얽매이는 것이 아니라 다른 관점으로 현실을 파악할 수 있다.

이처럼 유연한 사고의 전환이야말로 안정형의 특징이라 할 수 있다. 반면 애착 경시형은 현실을 마주해서 생각하려 하지 않는다. 물론, 돌아보려 하지도 않는다. 집착형은 분노나 불안에 얽매여 매사를 객관적으로 바라보지 못하고 관점을 바꾸지도 못한다. 미해결형은 다른 문제에는 냉정한 관점을 유지할 수 있지만 상처를 건드리는 문제에는 감정에 압도되어 이성을 잃어버린다.

메인의 연구 결과를 더욱 발전시켜 독자적인 심리요법을 창안한 사람이 영국의 정신분석가 피터 포나기(Peter Fonagy)다. 포나기에 의하면, 인간이 뭔가를 체험하는 데는 세 가지 양식이 있다.

첫째, '심적 등가의 양식'이다. 어떤 상황에 처했을 때 자신의 느낌이나 생각과 현실을 구별하지 못하는 것이다. 자신의 느낌이 바로 객관적인 사실이다. 가혹한 취급을 받았다고 느낀다면 그게 사실이고 현실이다.

둘째, '흉내의 양식'이다. 실제 현실과는 상관없이 자기 멋대로 현실을 상상하고 체험하는 것이다. 그러니 어떤 상황에서 하는 말이나 생각도 현실과 동떨어진 공상일 뿐이다. 하지만 어디까지나 '현실을 회피하려는 몸부림'일 뿐이다.

셋째, '멘탈라이징(mentalizing)'이다. 멘탈라이징이란 어떤 마음을 가정하는 것으로, 상대방의 행동을 이해하는 능력이 여기서 나온다. 이 능력을 높이면 자신을 돌아볼 수 있을 뿐 아니라 상대방의 마음이나 전체 상황을 이해해 더 나은 관점으로 바라볼 수 있다. 여기에는 '공감 능력'과 '통찰 능력'이 포함된다.

자신을 돌아보는 능력이 뛰어난 사람은 실제로 발생한 사건과 자신의 감정 또는 추측이라는 2차 반응을 구별할 수 있다. 그러니 속에서 끓어오르는 감정에 휩쓸리거나 발목을 잡히지 않는다. 다시 말해 주관적인 감정에 사로잡혀 판단이 흐려지지 않고, 사실을 객관적으로 바라보고 행동할 수 있다. 따라서 자기 무덤을 파는 무리한 반응을 하지 않고, 쓸데없는 말을 해서 상처를 주고받지도 않는다. 자신의 감정이나 인식에 좌우되지 않고 유리한 행동을 선택할 수 있다. 안정형 애착을 보이는 사람들은 이 능력이 뛰어나다.

안정형 부모는 멘탈라이징이나 돌아보는 능력이 높기 때문에 아이가 어떤 행동을 할 때 민감한 감수성을 바탕으로 아이의 기분을 파악해 원하는 것을 충족시켜줄 수 있다. 그러니 관계도 안정되기 쉽다. 불안정형 부모에게는 어려운 일이다. 그들은 아이에게 아무 반응을 보이지 않거나 자기중심적 반응만 보이기 때문에 아이가 원하는 바와 다른 행동을 하고 타이밍도 맞추지 못한다. 아이 입장에서는 괴로울 수밖에 없다. 따라서 이런 부모는 아이의 안전기지가 되어주기 어렵고 애착도 안정될 수 없다.

또 한 가지, 돌아보는 능력이 뛰어난 사람은 역경에 부딪혀도 흔들리지 않는다는 점을 주목해야 한다. 시련을 겪을 때 회복하는 능력도 당연히 뛰어나다.

포나기는 돌아보는 능력의 중요성을 착안해 이를 강화하는 방식으로 불안정한 애착에 시달리는 환자를 치료했다. 멘탈라이제이션 베이스드 트리트먼트(Mentalization-Based Treatment, 이하 MBT)라는 이 치료법은 경계성 인격장애를 비롯해 치료가 매우 어려운 질병 치료에서도 효과를 인정받았다.

MBT는 다양하게 응용할 수 있는데 오늘날에는 특히 아동과 청소년을 대상으로 하는 통합적 가족요법인 '단기 멘탈라이징 그리고 관계 요법'(Short-term Mentalizing and Relational Therapy, 이하 SMART)이 주목받는다. 이 방법은 기존의 가족요법 시스템(가족을 하나의 시스템으로 간주하는 치료법–옮긴이)과 달리 과거로 거슬러 올라가 각자의 행동이나 사고를 이해하는 방식으로 멘탈라이징을 높여준다. 일반적으로 문제가 발생하는 가족은 멘탈라이징이 약하고 감정만 강한 경우가 많기 때문에 SMART를 실시하면 가족들의 관계도 개선할 수 있다.

SMART에서 주목할 부분은 치료의 전제가 되는 사고방식이다. "가족 문제를 온전히 해결하려면 증상보다 애착을 바탕으로 증상에 대처해야 한다"는 것이 SMART의 전제인데, 이는 내가 의료소년원에서 경험한 임상 사례와 거의 일치한다.

뒤에서 설명할 마인드풀니스(mindfullness)나 명상도 돌아보는 능력을 높이는 효과가 있다. 매사를 있는 그대로 받아들이고 '억지로 바꾸지 않겠다'는 태도를 취하게 한다. '이렇게 해야 한다'가 아니라 '이런 방식도 좋다'고 생각하는 것인데, 이 방법도 불안정한 애착을 안정시키고자 할 때 유용하다.

▍애착을 강화하는 호르몬, 옥시토신 ▍

볼비는 애착을 단순한 심리적 관계가 아닌 생물학적 구조의 산물이라고 생각했다. 하지만 이런 구조가 어떤 메커니즘으로 유지되는지 밝혀진 것은 오래되지 않았다. 1979년, 뇌에 옥시토신을 투여했더니 모성 행동이 활발해졌다는 첫 보고가 발표되었다. 그동안은 옥시토신이 수유나 진통을 일으키는 호르몬으로 알려져 있었지만 육아에도 관여한다는 사실이 드러난 것이다. 하지만 애착에도 관여하는지 여부는 아직 명확하게 밝혀지지 않았다.

1995년, 또 다른 놀라운 연구 결과가 발표되었다. 들쥐의 한 종류인 프레리들쥐는 한 번 짝짓기를 하면 평생 부부로 살아간다고 알려져 있었다. 그런데 프레리들쥐에게 옥시토신 분비를 억제하는 약물을 주사했더니 짝짓기를 해도 부부로 살지 않고 다른 상대를 찾아다녔다. 이후 연구에서도 영장류 커플에게 옥시토신을 투여하면 바람기가 작용해 다른 상대를 찾기 쉽다는 사실이 밝혀졌다. 옥시토신은 육아나 모성뿐 아니라 관계를 유지하는 데도 영향을 미친다는 사실이 밝혀진 것이다.

이런 연구 대부분은 특히 여성이 섹스 상대에게 애착을 느끼고 계속 함께 있고 싶다고 느끼게 되는 이유를 설명해준다. 섹스를 할 때 옥시토신이 활발하게 분비되는데 그때 함께 있던 사람에게 특별한 애착을 느낀다는 것이다.

그후 옥시토신은 사회성을 높여주고 스트레스나 불안을 억제하는 작용도 한다는 사실이 밝혀졌다. 이처럼 옥시토신은 애착을 유지하고 스트레스나 불안으로부터 건강을 지켜준다. 애착을 느끼는 대상에게 의존하게 되는 이유를 생리학적 원리로 이해하게 된 것이다.

최근 옥시토신의 효능을 증명하는 연구 결과들이 발표되고 있다. 연구에 따르면, 일부 자폐증은 옥시토신 계열의 기능 부전이 관여하고 옥시토신 투여가 자폐증 개선에 도움이 된다. 옥시토신의 효과가 일시적이라는 견해도 있지만 분명 옥시토신 투여량을 높이면 효과를 좀 더 지속시킬 가능성이 있다.

이 말은, 애착을 안정시켜 옥시토신 분비가 활발해지면 자폐증 개선에도 효과를 볼 수 있다는 뜻이다. 실제로 어린 시절 자폐증 진단을 받았지만 성장할수록 자폐증 환자라는 게 믿기지 않을 정도로 증상이 개선되는 사례가 있다. 이 경우 예외 없이 애착이 안정돼 있었고 부모나 주변 사람들이 안전기지가 되어 당사자의 성장을 지지해주고 있었다.

한편, 포나기가 안정된 애착의 중요한 특징이라고 여긴 SMART의 작용은 자폐증 환자에게는 별 효과가 없다고 여겨졌다. 그러나 일부 사례에서는 애착 관계가 안정되자 멘탈라이징 기능도 회복된 것으로 나타났다. 물론, 완전히 치유된 것은 아니지만 사회생활에 지장이 없는 수준까지는 회복이 가능했다.

옥시토신 투여는 자폐증 외에 우울증, 불안장애, 의존증, 과식증 등에도 효과가 있다는 보고가 있다. 병명에 관계없이 이런 광범위한 질환에 옥시토신이 효과를 발휘하는 이유는 항스트레스에 효과가 있을 뿐 아니라 애착 안정에도 폭넓게 관여하기 때문이다.

하지만 옥시토신을 약물로 투여하면 오히려 내인성(체내에서 분비

되는) 옥시토신이 부족해질 우려가 있다. 효과를 얼마나 지속시킬 수 있는가 하는 문제도 있다. 따라서 내인성 옥시토신 작용을 활발하게 해야 한다. 즉 애착을 안정시켜 옥시토신 분비를 활성화시키는 쪽으로 치료하는 것이 바람직하다.

▌ 학대와 애착장애에 대한 새로운 이해 ▌

이처럼 애착 연구와 이해는 날이 갈수록 중요해지고 있다. 특히 애착에 대한 관심이 급속도로 커지게 된 데는 폭발적으로 증가한 학대 문제를 꼽을 수 있다.

1980년 미국 정신의학회가 정신질환 진단 기준인 DSM-Ⅲ를 발표한 이후, 미국에서는 가정 해체로 인한 양육 포기나 아동학대가 심각해지면서 '반응성 애착장애'가 등장했다. '애착장애'라는 개념도 이때부터 알려지기 시작했다. 그러나 이 당시만 해도 애착장애는 특이한 몇몇 가정의 불행한 사례 정도로 여겨졌다.

그런데 지난 20~30년 사이에 경계성 인격장애, 섭식장애, 의존증 등이 심각한 사회문제로 떠오르고 주변에서도 심심찮게 볼 수 있는 문제로 등장하면서 애착장애가 주목받게 되었다. 애착장애를 겪는 사람들은 정도의 차이는 있지만 방치되거나 학대를 당한 경우가 많았다.

학대 경험이 있는 아이를 치료한 결과, 애착을 회복시키는 가장 확실한 방법은 학대하는 부모에게서 분리하는 것이었다.

애착에 상처를 받은 아이들이 새로운 인연을 맺기란 쉬운 일이 아니지만, 어린 나이에 안정된 양부모 밑에서 자란 아이들은 애착장애에서 벗어날 수 있었고 효과도 양호했다. 복지시설에서 자란 아이들 중에도 보호자의 헌신적인 노력 덕분에 애착을 안정시키고 사회에 잘 적응하는 경우가 적지 않았다.

좋은 양부모 밑에서 자라더라도 너무 늦게 맡겨졌거나 양부모 역시 친부모처럼 불안정한 애착을 가졌을 경우, 회복하지 못하는 사례가 많았다. 복지시설에서 자란 아이의 경우, 아이가 믿고 의지하던 보호자가 퇴사하거나 부서를 옮기면서 주기적으로 만날 수 없게 되면 큰 충격을 받았다. 아이에게는 자신을 특별하게 생각해주고 지켜주는 대상이 필요한데 복지시설에서는 직원 한 명이 여러 아이를 맡기 때문에 아이가 자신만의 안전기지를 빼앗긴다고 여기는 경우도 많았다.

애착장애 때문에 비행을 일삼는 사례도 있다. 비행 청소년의 절반 이상이 신체 학대를 경험했으며 대부분 애착장애를 안고 있었다. 비행 청소년은 ADHD나 학습장애를 앓는 경우도 많은데, 이 때문에 양육자나 교사가 아이를 부정적으로 인식해 애착장애가 더욱 악화되기도 했다.

애착장애가 ADHD 같은 발달장애를 악화시킨다는 사실도 밝혀졌다. 가정환경이 좋으면 아이의 적극성, 산만함 등이 그저 개인의 성격으로 받아들여진다. 하지만 애착장애가 있는 아이는 일상생활에 지장을 줄 정도의 문제 행동을 할 가능성이 있다는 것이다.

비행은 적절한 조치를 취하면 개선할 수 있지만, 잘못 대응하면 아이가 더욱 심각한 반사회적 문제를 일으켜 범죄자로 전락할 우려가 있다. 다행인 점은, 비행을 개선해 아이를 회복시키는 사례가 범죄자로 전락하는 사례보다 많다는 것이다. 그만큼 회복할 수 있는 기회가 충분하니, 비행 청소년을 문제아가 아닌 '애착장애를 앓는 아이'라고 여긴다면 문제 해결의 실마리를 찾을 수 있을 것이다.

볼비 역시 비행을 저지른 아이들을 만난 덕분에 애착 문제를 해결할 힌트를 얻었다. 나 역시 의료소년원에서 비행이나 범죄를 저지르던 아이들과 함께 생활하면서 애착의 중요성을 배웠다. 그 아이들은 애착장애에서 벗어나기 위해 무엇이 필요한지, 우리가 어떤 도움을 줄 수 있는지 가르쳐주었다.

4장

상처받은
애착을
안정시키기

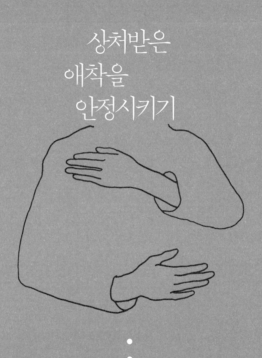

．
．

전쟁 당시 고아가 된 아이들이 좋은 시설에서
목숨을 잃은 이유는 무엇일까?
왜 아이들은 우유를 먹으려는 생각조차 하지 않았을까?
아마 살아갈 의미를 잃었기 때문일 것이다.
불안정한 애착을 안정시키는 것은 곧 삶의 의미를 되찾는 일이다.

▎ 불안정한 애착에 접근하는 법 ▎

지금까지 설명했듯 의학 모델이 아닌 애착 모델을 바탕으로 한 접근법은 증상을 없애는 데 집착하지 않고 증상의 원인이 되는 애착장애를 개선함으로써 다양한 문제나 일련의 악순환을 해소한다.

　애착이 불안정하면 관계에서 불안을 느끼고 안전을 위협받으며 작은 일에도 쉽게 상처받기 때문에 스트레스에 민감해져 여러 문제가 발생한다. 이때 애착을 안정시키면 관계를 안정시킬 뿐 아니라 안도감을 높여 상처받기 쉬운 마음에 여유를 줄 수 있다. 이를 통해 증상을 호전시키고 사회 적응력을 키우며 자존감을 높일 수도 있다.

　이번 장에서는 애착 모델을 바탕으로 애착에 접근하는 법을 소개한다. 애착을 다루는 일은 비행기 조종과 비슷하다. 기체가 한쪽으로 치우치거나 꼬리날개나 엔진에 문제가 있을 땐 탁월한 기량을 가진 전문가가 조종해야 한다. 단순히 '이렇게 하면 된다'는 식으로 접근해서는 안 된다. 결코 간단한 문제가 아니기 때문에 기본 원리를 익혔더라도 수많은 임상을 통해 자신만의 전문성을 쌓아야 한다.

사람은 모두 다르기 때문에 지나치게 상세한 지침은 별 도움이 되지 않는다. 비행기 부품의 제조사도, 일련번호도, 문제도 모두 다른데 한 가지 매뉴얼로 고쳐봤자 하늘을 제대로 날게 할 수가 없다.

이 경우 오히려 근본 원리를 이해하는 쪽이 도움이 된다. 의사가 인턴이나 레지던트에게 내시경 시술을 가르치려면 어떻게 해야 할까? 방법과 순서를 외울 순 있지만 실제로 시술을 하려면 감각이 있어야 한다. 함부로 시술을 시켰다가는 자칫 위험한 상황이 발생할 수도 있다. 그래서 처음에는 폭넓게 적용할 수 있는 방법, 실제로 위험을 피할 수 있는 방법을 가르쳐야 한다. "저항감이 느껴지면 무리해서 집어넣지 말고, 일단 뺐다가 다시 넣어봐"라고 가르치는 식이다. 이런 방식은 매우 단순하고 간단해 보이지만 실전에서는 큰 도움이 된다.

상대방은 사람이고, 긴장하거나 불안해할 수도 있다. 순간순간 기분도 변하고 의사의 바람대로 따라주지 않을 수도 있다. 그럴 때 매뉴얼대로 판단해 곧바로 대응할 경우 오히려 부작용이 생길 수 있다.

이런 점 때문에 애착 기반 접근법을 설명할 때는 실제로 활용할 수 있는 원칙을 강조하고 너무 상세한 내용은 다루지 않는다. 상대에 따라 효과가 있을 때도 있지만 그렇지 않은 경우도 많고, 기법을 의식적으로 사용하면 오히려 실패할 확률이 높기 때문이다. 다시 한 번 강조하지만 너무 자세한 기법은 별 도움이 되지 않는다.

정말 중요한 것은 태도와 사고방식이다. 올바른 태도와 사고방식으로 성의 있게 끈기를 발휘한다면 상황은 좋아지게 마련이다. 그런데 올바른 태도와 사고방식을 갖추기가 정말 쉽지 않다. 아무리 머리로 이해한들 몸으로 철저히 익히지 않으면, 본인은 올바르게 대응하고 있다고 생각해도 실제로는 엉뚱한 결과가 생긴다. 가장 좋은 방법은 이런 태도와 사고방식을 가진 사람에게 지도를 받는 것이다. 본인 스스로는 아직 뭐가 부족한지 모르는 경우가 많기 때문이다.

이런 점을 생각하면서 우선 마음가짐과 자세, 사고방식을 중심으로 애착 기반 접근법의 기본 개념과 원칙을 살펴보자.

▎애착회복적 접근 vs. 애착안정화 접근 ▎

애착 기반 접근법에는 크게 두 종류가 있다. 하나는 애착회복적 접근법, 또 하나는 애착안정화 접근법이다.

애착회복적 접근법이란 당사자가 소중하게 여기는 사람과의 관계를 회복해 애착을 안정시키는 방법이다. 이 방법으로 폭력적인 부모나 배우자에게 상처받은 애착을 회복시키는 경우도 있고, 생각이나 가치관의 차이로 어색해진 관계를 회복시킬 수도 있다. 부부나 부모 자녀 사이가 지나치게 지배적이거나 의존적이라면 둘 중 한쪽이나 양쪽 모두의 애착을 안정시켜 관계를 개선하기도 한다. 부모와 자녀의 관계 개선보다 아이나 배우자의 전반적인 문제 행동이나 증상을 개선해 안정되고 따뜻한 일상을 회복하기도 한다.

애착안정화 접근법은 당사자 곁에 있는 제삼자가 안전기지가 되어 애착 안정을 도모하는 방법이다. 이 접근법은 소중한 사람과의 관계 회복 자체에는 크게 관여하지 않는다. 의사나 상담사가 안전기지가 되어주는 경우도 애착안정화 접근법에 해당한다. 사례에 따라 애착 안정화를 위해 사이가 나쁜 부모나 배우자와 떨어져 지내기도 한다. 이럴 때 이 접근법을 통해 제삼자와 맺는 관계를 안정시켜, 당사자의 고통을 완화하고 상태를 개선시킨다.

애착회복적 접근법을 적용할 경우 우선 부모와 아이, 또는 어느 한쪽에 애착안정화 접근법을 실시해서 관계를 어느 정도 안정시킨 후 애착회복적 접근법으로 옮겨가는 경우도 많다. 이 경우, 초반에는 애착안정화 접근법을 적용하고 애착회복적 접근법을 후반에 적용한다. 물론 사안에 따라 애착회복적 접근법 적용이 불가능하거나 시기상조인 경우도 있기 때문에 잘 판단해야 한다.

애착회복적 접근법이 올바르게 진행되려면 양쪽이 관계를 회복할 준비를 해야 한다. 이때 애착안정화 접근법이 양쪽의 바람을 촉진할 수 있다. 만약 어느 한쪽이 준비를 제대로 하지 않았는데 애착회복적 접근법을 진행하면 오히려 상처가 더 깊어지거나 회복이 어려워질 위험성이 있다. 그러니 각자 본인의 잘못을 잘 돌아보고 상대의 입장에서 생각하는 능력을 키워야 한다. 만약 부모나 배우자에게 이런 능력이 결여되어 있다면 키워주어야 한다. 쉬운 일은 아니지만 바로 여기에 기회가 있다는 점을 잊지 말아야 한다.

▎상담과 진료는 필수가 아니다 ▎

애착 기반 접근법의 놀라운 점은 반드시 환자 당사자를 진찰하거나 상담하지 않아도 된다는 것이다. 이는 환자를 진찰하고 치료하는 것이 기본 중의 기본인 의학 모델의 상식을 초월한다. 의학 모델은 환자의 질병이 증상을 일으킨다는 점을 전제로 하기 때문이다.

　부부나 부모 자녀 사이의 불안정한 애착이 문제 행동이나 증상과 연결돼 있다면, 의학 모델로 문제의 본질을 간파하기 어렵다. 양쪽의 관계에서 더 큰 영향력을 행사하며 문제를 만드는 원인 제공자의 대응 방식을 바꿔 관계를 극적으로 개선할 때 애착의 안정화, 더 나아가 환자의 회복이 가능해진다. 경계성 인격장애 치료에서도 어머니나 배우자처럼 환자보다 문제 해결의 열쇠를 쥐고 있는 쪽에 얼마나 공을 들이느냐가 치료의 성패를 좌우한다.

　부모가 자녀 문제로 상담을 하러 오거나 부부 중 한쪽이 배우자의 문제 때문에 도움을 청할 때, 상당수는 아이나 배우자의 문제에만 주목해 다른 부분은 아예 보려 하지 않는다. 하지만 좀 더 객관적으로 보면 양쪽 모두에게 문제가 있는 경우가 많다. 또 당사자 개인의 문제와 서로 간의 문제가 얽혀 있는 경우도 많다. 이 경우, 당사자가 의지하는 사람의 불안정한 애착이 아이나 배우자의 문제 행동이나 증상과 연결되어 있을 개연성이 높다. 아이나 배우자가 이미 질병을 앓고 있는데 불안정한 애착이 더해져 증상이 더욱 악화되거나 치료가 제대로 안 되는 사태도 발생한다.

　가족 문제를 상담하러 오는 사람들은 이런 사실을 모르기 때문에 모든 것을 당사자의 문제로 받아들이는 경우가 많다. 그러니 느닷없이 "당신에게도 책임이 있습니다" 하면 받아들이지도 않을뿐더러 아무 도움도 주지 않는다. 이때 애착장애를 설명해주어야 한다.

　아이나 배우자의 문제 뒤에는 불안정한 애착이 있어서 사태를 더욱 악화시킨다는 사실을 지적하고 이를 해소하면 당사자의 상태가 개선된다는 점을 상세히 설명해준다. 또한 애착을 안정시키기 위해 가져야 할 마음가짐과 구체적인 방법도 조언한다. 이런 과정을 반복하면 아이와 배우자에게 접근하는 방식이 점차 바뀌면서 관계가 개선되고, 신기하게도 당사자의 문제 행동이나 증상도 서서히 좋아진다. 의학 모델로는 생각할 수 없는 변화가 일어나는 것이다.

나는 부모와 자녀가 오랜 세월 인연을 끊었다가 관계를 개선하고 싶어 하는 사례를 아주 많이 접한다. 부모와 자녀 중 한쪽이 상대를 만나고 싶어 해 애착 기반 접근법으로 태도를 변화시킴으로써, 몇 십 년 동안이나 연락을 끊고 살던 부모와 자녀가 처음으로 마음을 터놓고 대화를 나누는 사례도 있다.

▌ 일대일 관계로 시작한다 ▐

일반적인 가족요법에서는 가족을 한 자리에 모아 상담을 한다. 그래야 가족 간 권력관계를 파악할 수 있고, 이를 적절히 활용해 가족을 움직일 수 있기 때문이다. 문제가 심각하지 않고 가족 간 갈등이 크지 않으면 이 방법은 효과적이다.

하지만 애착 기반 접근법을 적용할 경우, 초반의 애착안정화 단계에서는 본인과 가족을 따로 면접해야 한다. 그래야 당사자가 상담사에게 신뢰를 가지고 솔직한 이야기를 털어놓아 문제의 원인을 정확하게 파악할 수 있기 때문이다.

아직 충분히 신뢰할 수 없는 상황에서 모두가 한 자리에 모이면 한쪽만 이야기를 하고 다른 쪽은 입을 다물거나 상담사가 한쪽 편만 든다고 생각하기 쉽다. 한쪽은 자기 나름대로 객관적인 관계를 유지하고 있다고 생각해도 상대방은 자신을 무시한다거나 자기 이야기에는 귀기울이지 않는다는 식으로 불만을 느낀다. 이처럼 처음부터 삼자 관계를 만들면 오히려 벽을 쌓게 된다.

따라서 우선은 일대일 관계로 시작하는 것이 바람직하다. 애착이란 본래 '일대일 관계'다. 일대일 관계에서 안정된 애착이 확립되어야 비로소 삼자 관계도 이해할 수 있다. 애착이 불안정한 사람은 일대일 관계에서 이미 좌절한 상태이기 때문에 삼자 관계에서는 더 큰 소외나 불안을 느낄 수 있다. 그러면 타인의 표정을 살피고 진심을 털어놓지 않아 애착을 안정시키기 대단히 어렵다. 따라서 우선 일대일로 만나 본인 또는 가족 내에서 신뢰할 수 있는 개별 관계를 쌓아야 한다. 실제 임상 현장에서도 이 방법으로 안정된 관계를 구축하기 훨씬 쉽다.

지원자와 상대방의 관계가 충분히 형성되었다면 이후 양쪽이 함께 모이되, 이때도 일반적인 가족 상담처럼 상담사가 가족 사이에 끼어들어 양쪽을 중재하는 방식은 적절하지 않다. 지원자와 상대방이 대화하는 자리에 상담사가 참관하는 방식이 보다 근본적인 변화를 유도하고, 문제를 해결하기 쉽다.

거듭 말하지만, 애착은 본래 '일대일 관계'에서 생긴다. 기존의 가족상담에서 통하는 상식과 크게 다르다.

▌증상은 몸이 보내는 신호 ▌

애착 모델에서는 증상을 '도움을 요청하는 신호'라고 여긴다. 따라서 치료의 목표는 증상 개선이 아니라 애착 개선이다. 불안정한 애착으로 대인관계가 곤란해지고 스트레스에 대한 내성이 약해지며 주변의 도움을 받기조차 어려운 삼중고에 처하면, 사회로부터 고립되어 몸과 마음에 병이 생길 수밖에 없다. 물론 불안정한 애착을 개선하면 일련의 악순환을 선순환으로 바꾸는 기적이 일어나기도 한다.

하지만 의학 모델에서는 증상에만 주의를 기울이는 경우가 많다. 애착이 불안정한 사람은 상대방이 부모건 배우자건 장점보다 단점을 보고 원망하는 경향이 있다. 자신이 바라는 대로 따라주지 않는 아이나 배우자를 용서하지 못한다. 이때 '증상(문제점)은 질병(장애) 때문'이라고 생각하는 의학 모델은 그들이 지속적으로 느끼는 불안에 대해 "그것은 이런 질병의 대표적 증상입니다"라는 식으로 명확한 해답을 제시한다.

진단을 받으면 자신이 왜 이런 생각을 하는지 이해하거나 어쩔 수 없는 일이라며 현실을 받아들일 수도 있다. 그래서 안정되는 측면도 있지만 결국은 포기하는 셈이다. 이러면 관계와 증상을 충분히 개선할 수 있는 기회를 놓치게 된다. 증상은 몸이 도와달라는 신호인데, 이를 방치하고 체념해버리면 몸이 보내는 간절한 신호를 무시하는 셈이나 다름없다.

이처럼 증상에 지나치게 얽매이면 문제의 본질을 이해하기 어렵다. 이런저런 복잡한 진단명을 늘어놓을 뿐 반드시 필요한 대응은 할 수 없다.

사례 4

▎ 나호 씨는 왜 과식과 구토를 멈추지 못했을까 ▎

대학 4학년을 휴학한 나호 씨는 과식과 구토를 반복하며 우울감에 시달리다가 어머니와 함께 상담을 받으러 왔다. 아버지는 대기업 연구소에 근무하는 엘리트이고 오빠도 명문대를 나와 엘리트 코스를 걷고 있었다. 나호 씨도 성적이 나쁘지는 않았지만 오빠와 비교하면 평범한 수준이었다.

나호 씨는 정이 많고 타인의 마음을 이해할 줄 아는 따뜻한 여성이었지만 성적과 학력을 중시하는 집안에서는 존재감이 매우 미미했다. 어머니는 최근까지 딸의 이상을 전혀 깨닫지 못했고, 오히려 부모가 원하는 대로 모든 일을 잘 해내고 있다고 생각했다. 취업을 했기 때문에 수업에 빠지지 않고 논문만 제출하면 졸업에도 큰 문제가 없었다.

그런데 언제부턴가 나호 씨는 학교에 가지 않았다. 딸의 일상을 의아하게 여기던 어머니는 어느 날 뭔가 이상한 점을 발견했다. 음식을 잔뜩 사와서 밤늦게까지 폭식을 하고 화장실에 들어갔다가 한참 후에 나오는 것이었다.

그때부터 어머니는 딸의 행동을 감시했고, 딸은 어머니를 의식한 듯 방에서 구토한 다음 몰래 화장실에 버리곤 했다. 어머니는 딸의 행동에 당혹스러움과 배신감을 느끼며 화를 냈다. 취업이 결정되었는데 출석을 제대로 하지 않으면 졸업을 할 수 없고, 그러면 합격한 회사를 다닐 수도 없다. 어머니는 초조한 마음에 딸을 꾸짖으며 한숨을 쉬었지만 딸은 나아지지 않았다.

나호 씨를 상담해보니, 어머니와는 이미 오래전부터 솔직한 대화를 나누거나 진로에 대해 상담하는 일이 없었고 그저 듣기 좋은 말만 했단다. 이유를 물어보니 진심을 이야기하면 어머니가 과잉반응을 보이면서 화를 내거나 지나치게 잔소리를 해 집안이 시끄러워지기 때문이란다. 반면 어머니는 자신이 딸과 솔직한 대화를 나눌 수 있는 좋은 어머니라고 생각했다. 그러니 딸이 왜 갑자기 이런 행동을 하는지 알고 싶어 병원을 찾아가곤 했다.

나호 씨가 학교에 가지 않는 이유는 다른 학생이 그녀의 사소한 실수를 비웃은 일이 있었기 때문이다. 나호 씨는 그때부터 타인의 시선을 의식하게 되었고 자기도 모르게 긴장이 되었다. 자신감을 잃고 마음 둘 곳도 잃어버린 그녀는 상처받은 마음을 폭식으로 달래고 있었다.

의학 모델을 바탕으로 나호 씨의 증상을 진단하면 비정형우울증, 섭식장애, 사회불안장애라 할 수 있다. 비정형우울증은 특수한 우울증으로, 과식이나 과다 수면을 동반한다. 어머니는 병원에서 딸이 비정형우울증 때문에 이상 증상을 보인다는 설명을 듣고 딸을 이해했다.

그런데 사실 비정형우울증 환자의 과식은 평소보다 식욕이 약간 증가하는 수준일 뿐이다. 나호 씨처럼 음식을 먹고 토하는 증상은 비정형우울증만으로는 설명하기 어렵기 때문에 섭식장애라고 봐야 한다. 또한 과도한 긴장이나 불안 때문에 사람들 앞에 서기를 피하는 것을 사회불안장애라고 하는데 나호 씨는 이 증상도 보였다.

나는 어머니에게 "과식을 하고 구토를 해도, 학교에 가지 않아도 아무 말 하지 말고 그냥 내버려두세요"라고 말하고 본인이 원할 때 항상 부드럽고 따뜻하게 대해주고 편안하게 대화를 나누면서 식사를 즐길 수 있게 하라고 조언했다. 그리고 나호 씨뿐 아니라 어머니도 함께 상담을 받게 했다. 하지만 어머니는 나의 조언이 마음에 들지 않는 모양이었다. 딸의 질병이 자신의 잘못 때문인 것처럼 말하는 게 불만인 지 처음에는 "왜 제가 상담을 받아야 하나요?"라며 거부감을 보였다. 본인 스스로는 훌륭한 어머니라고 자부하는데 딸을 대하는 방법을 이러쿵

저러쿵 조언하자 자존심이 상한 듯했다.

하지만 그러면서도 딸을 아끼는 마음이 강했기에 반신반의하면서도 나의 조언대로 상담을 받으며 딸을 대하는 태도를 바꾸었다. 그러자 나호 씨의 상태가 눈에 띄게 안정되면서 과식과 구토가 줄어들더니 마침내 더 이상 그런 행동을 하지 않게 되었다. 딸의 상태가 좋아지자 어머니도 마침내 나의 조언을 진지하게 받아들이게 되었다. 그후 어머니는 상담을 통해 자신도 모르는 사이에 딸에게 표정으로 지시하고 자신의 가치관을 강요하면서 부정적으로 평가해왔음을 깨달았다. 마침내 나호 씨는 무사히 대학을 졸업한 뒤 취업을 했고, 직장에서 만난 남성과 결혼까지 하게 되었다.

심각한 증상을 보이는 사람이 앞에 있는데 증상에 신경을 빼앗기지 않기란 결코 쉬운 일이 아니다. 특히 가족이나 주변 사람들은 당황한 나머지 한숨을 내쉬거나 화를 내며 감정적으로 반응하곤 한다. "빨리 어떻게 좀 해주세요"라며 의사를 재촉하고, 의사 역시 대증요법을 선택하기 쉽다. 하지만 증상에만 집중하는 순간, 진정한 회복은 기대하기 어려워진다. 증상은 문제의 본질이라기보다 본질 때문에 나타나는 2차, 3차 반응일 뿐이기 때문이다.

강 하류를 청소해도 상류의 오염을 해결하지 않으면 다시 수질이 나빠질 수밖에 없다. 나호 씨 사례에서 상류의 문제는 말할 필요도 없이 불안정한 애착이었다.

나호 씨의 문제를 애착 모델에 대입하면 어떻게 될까? 어머니는 논리적이고 지적인 측면에서 매우 우수하지만 공감 능력은 부족했다. 어머니에게는 진심을 털어놓을 수 없다는 말에서 알 수 있듯, 어머니는 나호 씨의 안전기지 역할을 해주지 못했다. 그래서 나호 씨는 늘 어머니의 표정을 살피며 어머니의 뜻에 자신을 맞추었다.

이런 어머니는 육아에서도 자신이 정한 규칙을 강요한다. 자기 규칙을 잘 따르면 착한 아이, 규칙에서 벗어나면 나쁜 아이다. 나호 씨는 어머니에게 인정을 받기보다 어머니의 일방적인 규칙에 순응하면서 자랐다. 어머니가 법인 셈이었다. 이 경우, 아이는 어머니의 표정을 살펴 어머니 마음에 들려 하거나 반대로 철저히 반항하는 '나쁜 아이'가 되기 쉽다.

나쁜 아이가 될 수 없었던 나호 씨는 어머니에게 인정받기 위해 나름대로 열심히 노력했다. 하지만 어머니의 마음에 쏙 드는 오빠만큼 좋은 성적을 낼 수는 없었고, 어머니의 표정에서 부정적인 느낌을 받을 때마다 상처를 입었다. 조건 없는 사랑을 받지 못하고 언제 부정적인 평가를 받을지 몰라 늘 불안에 떠는 습관이 몸에 밴 것이다. 이처럼 상대방의 표정에 민감하고 상대방이 자신을 인정해주지 않으면 어쩌나 불안해하는 성향을 불안형 애착이라고 한다. 나호 씨가 바로 여기에 해당되었다.

불안형 애착이 강한 사람은 주변 사람들이 자신을 어떻게 평가하는가에 따라 자신의 가치를 매기기 쉽다. 다른 사람의 시선이나 표정에 지나치게 신경 쓰고 신체와 관련된 콤플렉스가 많으며, 사회불안장애나 섭식장애에 걸리는 경우도 많다. 다른 사람에게 인정받기 위해 완벽해지고 싶다는 바람이 아주 강하며, 하나만 잘못해도 모두 쓸모없다고 단정해버리고 우울증에도 걸리기 쉽다.

　　나호 씨의 마음 한구석에는 줄곧 어머니로부터 인정받지 못한다는 생각이 자리 잡고 있었다. 어머니에게 사랑받는다는 느낌을 받아본 적이 없었던 것이다. 취업에 성공했을 때도 어머니는 기뻐하기보다 이제 부담에서 해방되었다는 식의 반응을 보였다. 나호 씨는 '이 직장에 들어가도 괜찮을까?' 싶어 망설였지만 어머니가 결단을 재촉하는 듯해 어쩔 수 없이 그 직장을 선택한 것이었다. 하지만 이 회사에서 잘 버틸 수 있을지 불안했고 '졸업을 하면 이미 취업한 직장에 다녀야 한다'는 생각에 답답하기만 했다.

　　나호 씨가 증상을 개선하고 건강해지는 데 필요한 것은 임시 안전기지와, 본래 안전기지가 돼주어야 할 어머니가 그 역할을 충실히 해주는 것이었다. 그래서 나는 나호 씨뿐 아니라 어머니에게도 상담을 권했다. 다행히 어머니가 안전기지 역할을 하게 되자 나호 씨의 애착이 안정되면서 다른 증상들도 점차 사라졌다. 어머니는 상대방의 마음을 이해하는 능력이 부족했고 자기 기준을 중요하게 여겼기 때문에 처음에는 본인을 돌아보려 하지 않았다. 하지만 딸을 사랑하는 마음이 강했기 때문에 마침내 본인의 생각을 바꾸면서 딸과의 관계를 개선했고, 딸의 자립도 지원해주었다.

이 사례에서 나호 씨의 증상은 자립을 앞두고 느끼는 불안감에서 비롯됐다고 볼 수 있다. 나호 씨 사례처럼, 큰 문제 없이 자립에 성공하려면 억지로 밀어내지 않고 진심으로 의지할 수 있는 마음의 안전기지가 필요하다. 불안형 애착에 시달리는 사람에게 자립은 매우 커다란 시련이다. 이 시련을 무사히 극복하기 위해서라도 안전기지는 매우 중요하다.

나호 씨 사례의 근본 문제는 어머니가 안전기지로서 제 역할을 다하지 못해 불안정 애착이 생겼다는 점이다. 여기에 취업과 자립이라는 과제가 더해지면서 심신이 균형을 잃고 다양한 증상이 나타난 것이다. 그러니 이 증상들은 문제의 본질이라기보다 어머니가 안전기지 역할을 못하는 데서 비롯된 불안감이 막다른 곳에 이르러 견디지 못하고 둑이 터지듯 폭발해버린 결과다. 그러니 강 상류에서 계속 밀려오는 문제의 근원을 개선하지 않는 한 증상을 제대로 치료할 수 없고, 일시적으로 나아졌다가도 금방 재발한다.

결국, 회복의 열쇠는 어머니에게 있었다. 어머니가 제 역할을 못하는 동안 의사나 상담사가 임시 안전기지가 되어주어야 했다. 의사 같은 제삼자가 당사자의 임시 안전기지가 되어주는 것이 앞에서 설명한 애착안정화 접근법이고, 당사자와 어머니의 관계가 안정되도록 지원하는 것은 애착회복적 접근법이다. 양쪽 모두 중요하지만 개선 효과만 따지면 후자가 훨씬 강력하다.

사례 5

▎문장 구조에 집착하느라 공부를 할 수 없게 된 학생 ▎

고등학교 2학년 남학생이 강박증과 불안증 때문에 학교생활과 학업에 지장을 받는다고 상담을 받으러 왔다. 이 학생의 강박증은 정확해야 한다는 것인데, 문장을 읽다가 특정 단어의 의미를 정확하게 이해하기 어려우면 그것이 마음에 걸려 더 이상 읽지 못하는 식이었다.

　　문장구조가 마음에 걸리면 그쪽에만 정신을 빼앗겨 중요한 의미는 머릿속에 들어오지 않고 형용사나 부사가 어떤 단어를 수식하는지에만 집착했다. 문제를 풀다가 문제와 상관없는 단어의 의미나 문법 구조가 마음에 걸리면 거기에 얽매여 더 이상 문제 풀이에는 관심을 갖지 않았다. 숙제를 해도 문제와 아무 상관 없는 사소한 것에 신경이 쓰여 숙제를 할 수가 없었다. 예를 들면 조사를 사용할 때 '가'를 쓸지 '는'을 쓸지 고민하는 식이었다. 주변 사람들은 적당히 넘어가라고 했지만 말처럼 되지 않았다. 이런 증상 때문에 공부 자체가 두려워졌고 손에 잡히지도 않았다. 결국 시험공부도, 숙제도 전혀 할 수 없었다.

이 학생의 '적당히 넘어가지 못하는' 경향은 친구 관계에서도 나타났다. 친구와 밴드를 만들어 활동하고 있었는데, 친구에게 말을 걸었다가 친구 반응이 조금만 이상해도 자신이 혹시 헛소리를 한 건지, 친구를 화나게 한 건지 신경이 쓰여 거기에만 몰두했다. 이상한 말을 해서는 안 된다는 불안감 때문에 지나치게 단어를 고르다가 아무 말도 못할 때도 많았다. 자신감이 떨어졌고, 어차피 사람들은 자신을 좋아하지 않는다는 식의 부정적인 표현을 자주 했다. 최근에는 학업뿐 아니라 즐거워야 할 밴드 활동도 부담감 때문에 온전히 즐길 수 없게 되었다. 학교에 결석하는 날도 많아졌다.

하지 않아도 되는 일을 하지 않고는 못 견디는 강박증상이나, 고민해도 소용없다는 사실을 잘 알면서도 집착하는 강박관념이 있는 정신질환을 강박성 장애라 한다. 강박증상 때문에 사소한 일을 할 때도 시간이 많이 걸려 지장이 생기는 경우가 많다.

이 사례는 그러지 않아도 된다는 사실을 알고 있으면서도 특정 문제를 집중적으로 생각하는 강박 증상이 매우 강한 상태라고 볼 수 있다. 외출할 때 가스불이나 문단속을 몇 번씩 확인해야 마음이 놓이는 확인강박이나 손을 몇 번씩 씻어야 마음이 놓이는 세정강박처럼 비교적 단순한 강박 행위는 치료 효과가 크고 개선되기도 쉽다. 하지만 몇 가지 증상이 동시에 나타날 경우에는 약물요법이나 행동요법으로 효과를 보기 어렵다.

이 사례 역시 처음 접했을 때 치료가 만만치 않겠다는 느낌을 받았다. 나는 2년 전 이 학생을 만날 당시만 해도 강박성 장애는 애착과는 관계가 없는 순수한 정신질환이라고 생각했다. 요즘도 마찬가지지만 강박성 장애 치료의 정석은 행동요법과 약물요법이며 다른 방법은 없다는 것이 상식이었기 때문이다. 나도 의학 모델대로 강박성 장애라고 진단하고 정석대로 치료를 시작했다.

하지만 어느 정도 나아지긴 했어도 완치와는 거리가 멀었고 매번 찾아올 때마다 비슷한 증상을 호소했다. 내가 할 수 있는 일은 그저 학생의 호소를 듣는 것뿐이었다. 지금 생각해보면 학생은 나와 있을 때만 자신의 증상이나 고통을 있는 그대로 말할 수 있었기 때문에 조용히 들어주는 것만으로도 도움이 된 듯하다.

그러던 어느 날, 학생의 어머니가 찾아와 아들의 증상이 어느 정도인지 물었다. 나는 최근 상태를 설명하면서 내친 김에 다른 이야기도 하게 되었는데, 불현듯 어머니가 자신과 가족의 상황을 설명하기 시작했다. 부부 사이가 너무 나빠서 싸우는 일이 많았고 결혼을 후회한 적도 한두 번이 아니며, 아버지는 고등학교 입시에 실패한 아들을 부정적으로만 생각한다는 것이었다. 누나가 있는데 경쟁 의식이 강해서 남동생에게 상처 주는 말만 한다고도 털어놓았다.

어머니는 내가 권하기도 전에 자신이 먼저 상담을 받고 싶다고 했다. 부끄럽지만 당시에 강박성 장애를 치료하는 방법은 의학 모델을 기반으로 한 약물요법과 행동요법뿐이었다. 그래서 이 어머니에게는 조금이라도 도움이 될 수 있겠다는 생각에 적당한 상담사를 소개해주었는데 뜻밖의 성과를 거둘 수 있었다.

어머니는 소개받은 상담사가 마음에 들었는지 정기적으로 상담을 받게 되었고, 아들 문제는 물론 자신이나 남편 문제도 상담받기 시작했다. 그런데 신기하게도 어느 순간부터 아들의 상태가 눈에 띄게 좋아졌다. 어머니가 아들을 더 깊이 이해하게 되고 아들을 대하는 방식이 예전보다 훨씬 부드러워지면서 아들의 현실을 있는 그대로 받아들이게 되었기 때문이다. 아버지도 상담을 받으면서 아들을 향한 부정적인 태도를 서서히 바꾸었다.

이전에는 집안 분위기가 늘 긴장 상태였지만 상담 이후로 따뜻하게 바뀌었고 어머니의 표정도 밝아졌다. 학생이 처음 찾아왔을 때만 해도 대학 진학은 꿈 같은 얘기였지만 1년 6개월 뒤 대학에 진학했고, 지금은 활기차게 캠퍼스 생활을 즐기게 되었다. 의학 모델로는 설명하기 어려운 부분이지만 강박 증상도 완전히 사라지면서 누구보다 밝게 생활할 수 있었다.

이 학생을 상담할 당시에는 나 자신도 의학 모델에 비중을 두고 있었기 때문에 애착과는 관계없는 증상을 중심으로 치료를 시작했다.

애착에 좀 더 관심을 가지고 가족 관계를 보다 주의 깊게 다루었다면 첫 단계부터 무엇이 근본 문제인지 깨달았을지도 모른다.

어머니는 빈틈이 없는 성격에 일을 하느라 아들을 따뜻하게 대할 여유가 없었고, 늘 효율성을 중요하게 생각했다. 아버지는 평소 아들에게 무관심해서 대화를 하지 않았고, 아들이 노력하는 모습을 보이지 않는다고 포기했다는 듯이 대했다. 아들은 누나에게도 끊임없이 공격을 받아 가정에 안전기지가 전혀 없는 상태에서 생활했다.

이 학생은 회피형인 어머니가 안정된 애착을 주지 않는 데다 아버지와 누나에게까지 비난받으면서 다른 사람의 평가에 민감해지는 불안까지 안게 되었고 결국 '두려움-회피형'이라는, 매우 쉽게 상처받아 자기 안에 틀어박히려고만 하는 유형이 된 것이다. 결국 학교에서도 다른 친구들과 원만하게 지낼 수 없었고 눈치만 보다 돌아와야 했다. 학생의 강박 증상은 어디에도 안도할 수 없는 상황을 반영하는 행동이자 불안감을 없애기 위한 보상행위였다. 아들의 고통을 목격한 어머니가 어떻게든 개선해보려고 노력했기 때문에 지금까지 방치해둔 문제에 집중할 수 있었고, 결국 가족 관계도 회복될 수 있었다.

이 학생 외에도 나는 언뜻 보아서는 애착과 별 관련이 없어 보이는 사례에서 애착이 의외로 많은 영향을 미치는 경우를 몇 번 더 경험하게 되었다.

┃ 안전기지를 되찾는 것은 삶의 의미를 되찾는 일 ┃

생각해보면 애착 문제는 가족이나 배우자, 연인 등 가까운 이들과 맺는 관계뿐 아니라 모든 인간관계와 관련된다. 소위 축복받은 환경에서 자라 애착이 완벽하게 안정된 사람이라도 살면서 애착이 안정된 사람만 만나는 것은 아니기 때문이다. 애착이 불안정한 배우자나 연인, 친구, 상사, 동료, 고객을 만나는 경우는 비일비재하다.

일반적인 치료로 쉽게 나을 수 없는 문제에 부딪혔을 땐 일단 치료를 멈추고 애착의 관점에서 상황을 다시 보아야 한다. 내가 안정된 애착, 즉 안전기지의 기능을 강화해야 한다고 주장하는 이유는 애착과 그만큼 관련이 깊을 뿐 아니라 대부분의 문제를 개선하는 데 효과적이기 때문이다.

우리가 어린아이였을 때를 생각해보면 쉽게 이해할 수 있다. 넘어져서 다리를 다치건, 친구와 싸우건, 열이 나서 몸이 아프건 어머니가 따뜻하게 안아주고 위로해주면 마치 만병통치약을 먹은 것처럼 금방 기운이 났다. 바꾸어 말하면, 약을 산더미처럼 먹고 붕대로 아무리 칭칭 동여매도 따뜻하게 돌봐주는 사람이 없으면 씩씩하게 일어서기 어렵다는 뜻이다.

생리학적으로 말하면 안정된 애착은 옥시토신 분비를 활성화시키고 불안과 스트레스에 대처하는 기능을 높여주어 활력이나 면역력을 강화한다. 사회적 기능이나 인지 기능도 우수해져 빨리 회복할 수 있게 돕는다. 그런데 여기에 결정적인 것이 하나 더 있다. 바로 '살아가는 의미'이다.

애착이 안정돼 있고 안전기지가 있으면 살아가는 의미를 찾을 수 있다. 20세기 초에 애착장애에 시달렸던 어린아이 대부분이 목숨을 잃은 이유는 무엇일까? 어머니를 잃은 아이들은 왜 젖을 빨려는 생각조차 하지 않았던 것일까? 아마 살아갈 의미를 잃었기 때문일 것이다. 안전기지를 발견하고 다시 안정된 애착을 얻는 것은 살아가는 의미를 되찾는 일이다.

애착을 안정시키려면 안전기지가 매우 중요하다는 이야기를 할 때마다 자주 듣는 질문이 있다. "아이를 꾸짖지 않고 응석을 받아주기만 하면 나중에 버릇이 나빠지지 않나요?", "나쁜 짓을 하면 당연히 혼을 내야 하지 않습니까?"라는 질문이다.

질문을 보면 질문하는 사람이 당연하다고 생각하는 것이 무엇인지 알 수 있다. 첫 번째 질문자는 '꾸짖지 않는다 = 응석을 받아준다'라고 생각한다. 이런 사람들의 머릿속에는 '꾸짖어서라도 냉정하게 가르치기 vs. 응석을 받아주고 내버려두기' 중 하나를 선택해야 한다는 생각밖에 없다. 또한 '나쁜 짓을 하기 때문에 꾸짖는 것이며, 꾸짖지 않으면 더 나쁜 짓을 한다'는 인식이 깔려 있다.

그런데 꾸짖으며 매정하게 가르치거나 응석을 받아주며 내버려 두는 방법 사이에는 여러 선택지가 있다. 그중 하나가 안전기지가 되어 주는 것이다. 아이의 주체성을 존중하면서 도움이 필요할 때 즉시 손을 내밀어준다. 때로는 꾸짖을 필요도 있지만 이는 어디까지나 아이를 위험으로부터 지켜주기 위해서이며 그런 상황은 자주 발생하지 않는다. 만약 계속 꾸짖기만 한다면 꾸짖을 필요가 없는 경우에도 꾸짖는다는 뜻이다. 이런 사고는 '나쁜 짓을 하기 때문에 꾸짖는다'는 변명과 연결 된다.

동물의 세계에서 애착이란 포식동물의 위협에서 새끼를 지켜주 는 것이다. 안전기지는 문자 그대로 아이를 위험에서 안전하게 지켜주 는 공간이라는 뜻이다. 꾸짖는 행동도 아이를 지키기 위해서라고 생각 할 수 있다. 물론 위험한 행동을 하면 주의를 주어야 한다. 어머니 시야 에서 사라지면 그런 행동을 하지 않도록 꾸짖어야 한다. 단, 애착이 확 실하게 안정된 아이는 어머니가 자신을 볼 수 있는 곳에 머물려 하고 일 부러 위험한 행동은 하지 않는다는 점을 알아야 한다. 안정형 아이는 꾸짖을 일이 거의 없다.

그런데 회피형 아이는 어딘가로 사라지거나 위험한 상황을 자 초하기 쉽다. 다시 말해 꾸지람을 들을 행동을 하기 쉽다. 그렇다면 회 피형이 된 이유를 생각해보아야 한다. 아이가 아무리 보살핌을 원해도 부모가 방치했기 때문이다. 변덕이 심한 부모에게 학대를 받는 무질서-혼란형 아이도 애착이 불안정하기 때문에 부모를 원하면서도 두려워한다. 부모가 다가가거나 말을 걸기만 해도 반사적으로 몸이 굳으면서 방어 태세를 취한다. 이유 없이 꾸지람을 듣고 폭력을 당해왔기 때문이다. 그러니 아이가 자꾸 위험한 행동을 한다면 아이들 탓이 아니라 불안정한 부모 탓이라고 봐야 한다.

양가형 아이는 부모에게 지나치게 매달리다가도 자기 마음대로 되지 않으면 분노나 공격성을 드러내며 극단적이고 이해할 수 없는 반응을 보여 부모를 초조하게 만든다. 평소에는 순하고 착한데 갑자기 짜증을 내거나 부모에게 욕을 하고 때리기도 한다. 내면에 착한 아이와 나쁜 아이가 함께 있다가 어떤 계기가 생기면 나쁜 아이가 확 나타나는 것이다. 이때 부모는 나쁜 아이에 해당하는 행동을 꾸짖으며 너는 착한 아이가 아니라고 야단을 친다.

하지만 아이가 불안정한 애착을 보이며 양극단으로 행동하는 이유는, 부모가 사랑을 주는 방식을 바꾸었기 때문이다. 동생이 생겨 애정을 빼앗겼다고 여기고 동생을 해코지하는데, 네가 나쁜 짓을 하니까 꾸짖는다고 생각한다면 아이의 마음을 전혀 헤아리지 못한 셈이다.

┃ 안정된 애착으로 발달장애를 극복할 수 있다 ┃

안전기지가 없는 아이는 애착이 안정된 아이보다 행동이나 정서 면에서 문제를 일으키기 쉽고 나쁜 아이라는 평가를 받기도 쉽다. 참 가슴 아픈 일이다. 이 아이들이 문제 행동을 일으키는 이유가 덜 꾸짖었기 때문일까? 좀 더 야단을 쳤다면 착한 아이로 자랐을까? 굳이 설명할 필요도 없이 정반대라는 사실을, 이제 알았을 것이다.

안전기지가 되어주어야 할 부모와 안정된 애착을 맺고 성장하는 아이는 행동이나 감정을 제어하는 법을 자연스럽게 터득한다. 어머니와의 애착 관계가 확실하면 굳이 야단치지 않아도 어머니 목소리만으로 반응을 살펴 행동을 자제하고 안전기지로 돌아오기 때문이다. 이런 아이는 위험한 행동을 해서 어머니를 불안하게 만들지 않는다. 하지만 어머니가 안심한 표정으로 자신을 보고 있을 때는 주저하지 않고 대담한 모험을 즐긴다.

최소한으로 꾸짖어라. 화를 내거나 때릴 필요는 전혀 없다. 애착이 형성되는 시기에 아이를 필요 이상으로 꾸짖으면 많은 문제가 생긴다. 이 점을 잘 이해하면 아이에게 안전기지가 되어주는 것만으로도 손쓸 방법조차 없던 비행 청소년까지 극적으로 안정을 되찾는다는 사실을 깨달을 수 있다. 아이의 문제 행동이나 증상은 아이 개인의 문제 때문에 발생하는 것이 아니다. 불안정한 애착 때문에 발생하는 문제는 애착을 안정시켜야 개선할 수 있다.

발달장애는 최근 급증하는 질병 중 하나다. 늦은 결혼과 노산도 한 가지 원인이 되지만 근대적인 생활방식도 영향을 미친다. 아동학대로 인한 애착장애의 증가도 발달장애 증가의 원인으로 꼽힌다.

발달장애의 가장 큰 문제는 치료법과 지원책이다. 유전적 요인이 강한 장애이기 때문에 치료가 어려운 것이 사실이다. 아직 어리다면 특수교육으로 개선되기도 하지만, 지금도 시행착오를 거듭하면서 다양한 시도를 하고 있음에도 어떤 치료법이 가장 효과적인지 아직 확실히 밝혀지지 않았다. 놀이치료로 자연스럽게 부족한 부분을 메우는 쪽이 바람직하다고 말하는 사람도 있고, 무리를 해서라도 이끌어줄 필요가 있다고 생각하는 사람도 있다. 천천히 개선하는 방식이 가장 효과적이라고 생각하는 사람도 있고 정상인 아이들과 어울리면서 균형을 잡는 것이 바람직하다는 사람도 있다. 전문가들의 의견 역시 각양각색이다.

하지만 어떤 치료를 하느냐보다 더 중요한 질문이 있다. '아이가 즐겁게 수행하는가', 그리고 '담당 교사나 해당 장소가 아이에게 안전기지가 되고 있는가' 하는 점이다. 큰 효과를 보인 사례를 보면 이 두 가지가 잘 충족되어 있다. 아니, 이 두 가지는 같은 의미인지도 모른다.

20년 넘는 임상 경험으로 보건대, 부모와의 애착이 안정된 아이일수록 약간의 발달장애가 있더라도 사회에 잘 적응한다. 부모와 함께 애착을 안정시키는 훈련이 특수교육이나 치료 이상으로 아이를 잘 지켜준다. 사실 부모와의 애착이 전제가 되어야 특수교육이나 치료도 효과를 내기 쉽다. 특수교육이나 치료에 버금가는 효과를 낼 수 있는 방법 중에 어머니와 손을 잡고 다니거나 오직 어머니만 아이를 보살피게 하는 방법도 있다. 아무리 훌륭한 치료를 받아도 어머니가 아이를 건성으로 대하면 효과는 줄어든다.

　성인의 발달장애도 흔히 볼 수 있는데, 그들이 사회에 적응하는 데 중요한 역할을 하는 요인 역시 애착의 안정이다. 발달장애 증상 자체는 전혀 바뀌지 않아도 안전기지가 제 기능을 하는가, 그렇지 않은가에 따라 전혀 다른 사람처럼 커다란 차이를 보일 수 있다. 지금부터 그 사례를 살펴보자.

사례 6

▎아스퍼거증후군으로 취업을 포기했던 30대 여성 ▎

30대 후반 여성이 사회생활을 하고 싶은데 어떻게 해야 좋을지 몰라 불안하다며 도움을 청했다. 자신이 혹시 발달장애가 아닌지 진단해달라는 것이었다. 대학을 졸업했지만 취직을 못한 채 10년 이상 은둔형 외톨이로 지냈다. 처음 몇 년은 부모가 취업하지 않는 딸의 태도에 당황해 어떻게든 손을 써보겠다며 여러 병원과 상담센터에 데려가기도 했지만, 관계만 더 악화되었다. 몇 번이나 크게 싸우고 폭력적으로 행동할 때도 있었다. 자기 자신에게 실망해 수차례 자해도 했다.

　서른이 넘자 부모도 거의 포기해 딸에게 아무 말도 하지 않았다. 여성은 마음 내키는 대로 편하게 살면서 부모와는 거의 말도 섞지 않은 채 몇 년을 냉전 상태로 보냈다. 그러다 30대 중반에 접어들자 본인과 부모 모두 이대로 인생이 끝나는 게 아닐까 하는 불안이 생기기 시작했을 때, 신문기사가 눈에 들어왔다. 자신이 발달장애라는 사실을 모르는 사람이 너무 많다는 내용이었다.

　우연히 기사를 읽은 여성은 '이건 혹시 내 이야기가 아닐까?' 하는 생각이 들었다. 그렇다면 확실히 진단을 받아보고 싶었다. 하지만 행동으로 옮기기는 쉽지 않아 몇 개월을 고민한 끝에 마음 먹고 나를 찾은 것이다. 이를 계기로 그녀의 인생은 크게 달라졌다.

　그녀의 성장 이력에는 확실히 발달장애를 암시하는 사건이 있었다. 어린 시절엔 얌전했고 혼자 노는 일이 많았다. 먼저 친구에게 다가가는 법이 없었고 사람들과 눈을 마주치려 하지 않았다. 또한 신경이 예민해서 큰 소리를 지나칠 정도로 두려워했다. 공부는 잘했지만 운동이나 손재주에는 소질이 없었다.

　발달검사 결과, 언어 이해도는 평균을 크게 웃도는 데 비해 처리 속도는 평균보다 한참 아래에 머물렀다. 언어 능력과 작업 처리 능력 사이에 커다란 괴리가 있는, 아스퍼거(Asperger) 유형의 자폐 스펙트럼 장애에서 흔히 볼 수 있는 발달 편중이었다. 자신의 의심대로 자폐 스펙트럼 장애라는 진단이 나왔다.

이 여성은 자신이 고통받는 근본 원인을 알게 되자 자신이 게을러서가 아니라고 여겨 마음을 놓게 되었다. 장애 진단을 받고 나서야 지금까지 왜 그렇게 힘든 인생을 보냈는지 납득하고 받아들일 수 있었던 것이다.

이런 점은 의학 모델의 장점이다. 장점은 폭넓게 활용해야 한다. 단, 발달장애 진단만으로는 그녀에게 발생하는 모든 문제를 설명하기 어렵다. 대학까지 별 문제 없이 졸업했는데 왜 취업을 못하고 이렇게 오랜 세월 은둔형 외톨이로 살았던 것일까? 심지어 자해를 반복하고 자기 부정에 사로잡히며 매일같이 죽고 싶어 하는 시기도 있었다. 부모와 맺은 불안정한 관계는 이런 증상과 관련되어 있었다.

물론, 이런 증상에 경계성 인격장애 같은 진단을 내릴 수도 있다. 하지만 진단명만 알아서는 문제의 본질을 파악하기 어렵다. 그래서 불안정한 애착에 접근해야 한다.

▌ "아무도 내 기분을 물어본 적이 없어요" ▐

그녀는 나에게 자신의 인생을 털어놓으면서, 모든 일이 잘 풀리고 있다고 생각할 때조차 외롭고 힘들었다고 했다. 부모는 전문직에 종사하는

데 어머니는 딸이 어렸을 때도 일을 했다. 아버지는 물론이고 어머니하고도 함께 놀았던 기억이 없었다.

그녀는 맞벌이 가정의 자녀여서 늘 집 열쇠를 가지고 다녔는데, 어느 날 수업을 마치고 집으로 왔을 때 현관문이 열려 있던 적이 있었다. 머뭇거리며 집 안으로 들어가자 평소에는 안 계시던 어머니가 "이제 오니?" 하고 맞아주었는데, 그때의 기억이 지금도 선명하게 남아 있을 만큼 정말 기뻤다고 했다.

가족 여행도 갔지만 즐거웠던 기억은 없다. 기억 속 아버지와 어머니는 늘 부부 싸움을 했고 집안 분위기는 냉랭했다. 아버지가 화를 내면 어머니가 쇳소리를 내며 대응했다. 어머니는 일과 가사에 쫓기느라 여유가 없었고 아버지도 관리직으로 승진하면서 스트레스를 많이 받았다. 그녀는 아버지가 화를 내지 않도록, 두 사람이 싸우지 않도록 늘 눈치를 보며 조심해야 했다. "내 기분을 물어보거나 관심을 가져주는 사람은 아무도 없었어요."

아버지와 어머니는 학벌을 매우 중요하게 생각해서 틈날 때마다 "열심히 공부해서 국립대학에 가야 한다"고 말했다. 어린 시절부터 끊임없이 들었던 말이라 국립대 입학이 반드시 이루어야 하는 사명처럼 느껴졌다.

다행히 공부는 잘했다. 소극적이었지만 학교생활에 특별한 문제도 없었다. 부모는 딸에게 큰 기대를 걸었고 실제로 그녀는 바라던 국립

대학에 입학했다. 하지만 대학 입학 후의 일은 생각해본 적이 없었다.

공부라는 단순한 기준만 가지고 생활할 때는 편했다. 하지만 대학에 들어가자 갑자기 기준이 여러 가지로 늘어났다. 어떤 옷을 입어야 할지, 대화나 농담은 어떻게 해야 할지, 남자에게 호감을 사려면 어떻게 해야 할지, 이해하기 어려운 기준이 몇 개나 늘어났고 상황에 맞는 언행을 하지 못하니 사람들과 어울릴 수 없었다. 즐겁게 대화하는 친구들 틈에 낄 수 없어서 소외감을 느끼기도 했다.

'공부 잘하는 아이'라는 타이틀로 유지해왔던 자존심이 맥없이 무너지기 시작했다. 학교에 가는 것이 고통으로 느껴져 강의도 빠지게 되었다. 마침내 유급을 하자, 아버지는 사정은 들어보지도 않고 화를 내면서 뺨을 때렸다. 고함을 지르며 "정말 실망했다!"고 한 말이 아직도 귓가에 남아 있었다. 어머니는 아무 말 없이 아버지가 화를 내는 것이 당연하다는 태도를 보였다. 그후부터 자해를 시작했다.

2년 유급한 끝에 그럭저럭 졸업은 했지만 사회에 나가 일을 할 에너지나 용기는 없었다. 취직을 재촉하는 부모와 딸 사이에 한동안 긴장감이 감돌았다. 사회는 물론이고 집에도 적밖에 없다는 생각에 죽고 싶었다. 죽지 못한 것은 용기가 부족해서라고 생각했다. 취직 문제로 부모와 으르렁대며 부딪친 지 10년이 지났지만 마음의 상처는 전혀 치유되지 않은 채 대화조차 제대로 나눌 수 없는 상태가 이어졌다. 원래 존재했던 두려움-회피형 애착에 미해결형 애착까지 더해지면서, 상처받기 쉬운 마음을 사람들과 거리를 두는 식으로 지킬 수밖에 없는 상황에 빠진 것이다.

그녀가 대학에 제대로 적응하지 못했던 이유는 발달장애 탓도 있지만 어린 시절부터 안전기지 없이 끊임없이 위협을 받는 불안한 상황에서 생겨난 두려움-회피형 애착 때문이기도 하다. 두려움-회피형은 자기는 사람들에게 받아들여질 수 없을 거라는 두려움을 안고 있어서 자신의 자연스러운 모습을 드러내지 못한다. 외부 세계와 가급적 접촉하지 않고 어떻게든 자신의 안전을 지키려 한다.

그런데 아버지의 학대로 상처받으면서 미해결형 애착까지 더해졌다. 은둔 생활이 10년 이상 이어진 데는 이중으로 상처받은 애착의 영향이 컸던 것이다.

앞에서도 설명했듯, 의학 모델을 바탕으로 발달장애 진단을 받으면 무엇이 나를 힘들게 하는지 이해할 수 있기 때문에 자신이 게으르거나 노력이 부족해서라고 자책했던 마음의 짐을 덜어낼 수 있다.

하지만 장애 자체는 유전적 요인이 크기 때문에 쉽게 나아지지 않는다. 장애를 안고 있다는 사실 때문에 초조해하고 절망하는 경우도 있다. 장애를 인정받으면 취업에 도움을 받거나 지원금을 얻을 수도 있지만, 증상이 가벼운 경우 도움을 받기도 어렵거니와 본인이 이를 거부하는 경우도 있다.

한편, 애착 모델을 바탕으로 이 상황을 바라보면 사회 적응을 방해하는 요인으로 두려움-회피형 애착을 꼽을 수 있다. 부모가 안전 기지 역할을 못하고 마음을 열어주지도 않으니 이 여성은 자신을 다른 사람들이 돌볼 가치가 없는 보잘것없는 존재라고 믿게 되었다. 그래서 사람들을 대할 때 지나치게 신경을 썼고 자신을 드러내는 행동은 할 수 없었다. 이런 고통으로부터 도망치기 위해 대화도 피했다. 그런데 결과만 보고 화가 난 아버지가 퍼부은 말이 그나마 남아 있던 부모님에 대한 신뢰감을 완전히 파괴해버렸다.

이 여성에게 가장 필요한 일은 부모에게 상처받은 애착을 회복하는 것이지만 너무 어려운 일이었다. 우선 내가 그녀의 안전기지가 되어 애착을 안정시켜야 했다. 이 여성은 통원 치료를 받는 동안 더 많은 사연을 털어놓으면서 자신의 문제를 적극적으로 상담하고 괴로운 심정을 내보이며 의견을 구했다.

처음 나를 만날 땐 아버지가 떠올라 두려워했지만 고비를 넘기자 강한 신뢰를 보이면서 곤란한 일이 있을 때마다 달려와 속내를 털어놓고 한결 편안한 모습으로 돌아갔다. 또한 장애인을 위한 직업훈련학교에 다니면서 다양한 과제에 부딪힐 때도 하나하나 끈기 있게 해결해나갔다. 그리고 마침내 취업에도 성공했다.

그러던 어느 날, 부모가 딸의 상태를 확인하기 위해 찾아왔다. 부모는 딸의 긍정적인 변화에 놀라면서 앞으로 어떻게 대하는 게 좋을지 조언을 구했다. 그동안 생긴 바람직한 변화가 유지되지 않고 자칫 예전으로 되돌아가지 않을까 불안해했다. 싸늘하던 예전과 달리 최근에는 자연스럽게 대화를 걸어오고 몰라볼 정도로 부드러워진 모습이 신기하다며 딸이 이렇게 달라진 이유가 무엇인지 궁금하다고도 했다.

이처럼 부모가 안전기지 역할을 못 해도 외부에 안전기지가 될 만한 존재가 있으면 애착이 점차 안정되고 불편했던 가족 관계도 원만해진다. 그런데 자칫 잘못하면 불편한 예전 상태로 돌아갈 수도 있다. 이제부터가 중요하다. 부모님도 그 점을 느끼고 나를 찾아온 것이다.

나는 지금 딸에게 무슨 변화가 일어나고 있는지 자세히 설명하고 가족이 안전기지가 되어 그녀를 지원해주라고 말했다. 구체적으로는 딸의 이야기를 들어주기만 하고 결코 간섭하거나 섣불리 조언하지 말라고 했다. 의견을 물으면 조심스럽게 이야기해도 괜찮지만 무엇보다 스스로 생각하는 것이 가장 중요하다는 사실을 잊지 말라는 조언도 덧붙였다. 좋은 일에만 반응을 보이고 나쁜 일은 보고도 못 본 척하라는 당부도 함께 했다.

엄격하고 성실해 보이는 부부는 처음에는 이해하기 어렵다는 표정을 지었지만 "따님은 스스로 결단을 내리고 여기까지 온 것입니다. 지금 주체성을 되찾으려고 노력하고 있으니 조금 부족하더라도 스스로 생각하고 행동하도록 응원해주는 것이 가장 빠른 길입니다"라고 설명하자 납득하고 돌아갔다.

시간이 지날수록 가족 관계는 더욱 좋아졌고, 오히려 딸이 부모에게 상담을 요청하거나 의지하는 경우도 늘었다. 이런 변화에 당황한 부모가 또다시 의견을 물으러 왔을 때 나는 "지금까지 응석을 부리지 못했으니 그걸 되찾으려 하는 겁니다. 한동안 마음껏 응석을 부리다 보면 곧 안정을 되찾을 겁니다. 따님이 원하면 자연스럽게 받아주십시오. 그게 안전기지의 원칙이니까요. 앞으로 일을 시작하면 스트레스가 쌓이고 여유도 없어질 테니 사소한 문제는 너그럽게 눈감아주시고 최대한 지원해주십시오. 관계를 회복할 수 있는 좋은 기회입니다"라고 조언했다.

이 여성이 취업을 하기 전에 부모가 든든한 안전기지가 되어준 것은 행운이었다. 여성은 취업 후 직장에서 많은 어려움을 겪었지만 하나하나 해결해 나갔고, 석 달 후에 노력을 인정받아 정규직이 되었다는 소식을 들었을 때는 나도 귀를 의심하지 않을 수 없었다. 그로부터 2년이 지난 지금도 그녀는 열심히 직장 생활을 하고 있다.

이는 결코 특별한 사례가 아니다. 발달장애라는 의학 모델의 진단에 지나치게 얽매이면 회복할 수 있는 기회가 오히려 줄어든다. 진단 결과를 너무 두려워하지 말고 애착 모델을 바탕으로 부족한 점을 보완하면 한때는 상상할 수도 없었던 커다란 변화를 가져올 수 있다.

이처럼 애착 기반 접근법에는 기적을 낳는 힘이 깃들어 있다. 애착 기반 접근법이 특별해서가 아니라 인간이 행복하게 살아가도록 태초부터 갖춰진 가장 중요한 구조, 즉 생명과 희망을 유지하는 애착 구조를 되살려주기 때문이다.

5장

안전기지의
모든 것

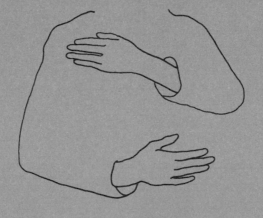

．
．

나만의 안전기지가 있다는 것은
무슨 일이 생겨도 의지할 수 있는 대상,
어떤 경우에도 나를 지켜주는 누군가가 있다는 뜻이다.

▎ 당신만의 안전기지가 있는가 ▎

애착 기반 접근법은 안전기지 기능을 되찾거나 일시적으로 대신함으로써 애착을 안정시키고 기본적인 안도감과 타인에 대한 신뢰, 스트레스 내성이나 부정적 인지를 개선해 대인관계나 사회 적응을 돕는 방법이다. 이를 통해 다양한 문제 행동을 자연스럽게 중단할 수 있다.

　이런 선순환의 원동력은 '누가 안전기지가 되어주느냐'에 달려 있다. 당사자의 안전기지가 제 기능을 못해서 문제가 생기는 경우가 많기 때문이다. 평소 안전기지에 전혀 문제가 없었어도 일시적으로 스트레스가 치솟거나 시련을 겪으면 특별한 도움이 필요할 수 있다. 그런데 주변에서 이런 상황을 깨닫지 못하고 평소와 다름없이 대하면 당사자는 방치된 기분을 느낄 수밖에 없다.

회피형은 누군가의 안전기지가 되어주기 어렵다. 상대방에게 큰 문제가 없을 때는 그런대로 안전기지 역할을 할 수 있지만 상대방이 힘들거나 약해져 있을 때 귀찮게 여기거나 "자기 문제는 스스로 해결해야지", "너한테만 신경을 쓸 수는 없어", "너무 의지하려고 하면 곤란해" 하며 고개를 돌리기 때문이다. 회피형은 도움을 청하면 부담을 느끼고 자기방어를 할 가능성이 있다. 부모나 배우자가 회피형이라면 의지하고 싶을 때 오히려 거부당해 더 깊은 상처를 받을 수도 있다.

반면, 열정이나 애정이 너무 강해서 지나치게 밀착해도 안전기지로서 제 역할을 다할 수 없다. 이런 모습은 불안형에게 나타나기 쉽다. 사실 일상이 평온할 때는 안전기지가 중요하지 않다. 본인의 자유나 주체성을 존중해주고 쓸데없는 간섭만 하지 않으면 된다. 대신 곤란한 문제가 생겨 도움을 요청할 때 즉시 받아주고 피신할 여건을 마련해주어야 이상적인 안전기지라 할 수 있다.

지금까지 살펴보았듯 아이나 배우자에게서 볼 수 있는 다양한 문제, 즉 몸과 마음에 여러 증상이나 문제 행동, 사회 부적응 등이 나타났을 때 가장 중요하고 효과적인 방법은 안전기지를 통해 내면을 강화하는 것이다. 당사자 스스로 이를 파악해 내면을 강화할 수 있다면 가장 바람직하지만, 본인 눈에는 본인의 결점이 보이지 않는 법이다.

본인은 당연하게 여기는 것이 상대방에게는 커다란 고통이나 안도감을 해치는 요소가 되기도 한다. 지적을 해도 상대방은 그것이 왜 좋은지 이해하지 못하는 경우도 있다. 그런 부분까지 세밀하게 신경을 쓴다 해도 자기도 모르게 몸에 밴 반응이 드러나 안전기지가 되어주기 어려운 경우도 있다.

그래서 누군가에게 최고의 안전기지가 될 수 있도록 이끌어주는 제삼자가 필요하다. 단, 여기에도 함정이 있다. 안전기지가 되어줄 수 있도록 지도한다면서 마치 아랫사람을 가르치듯 지시를 한다면 바람직한 훈련이라 할 수 없다. 안전기지가 되는 방법을 아무리 머리로 잘 이해해도 몸에 배지 않으면 의미가 없다. 몸과 마음으로 직접 체험해서 익혀야 한다.

"그렇게 하면 안 돼, 이렇게 해!"라는 식으로 금지와 명령만 해서는 안전기지로서 가장 먼저 갖추어야 할 응답성이나 공감 능력을 길러줄 수 없다. 안전기지 역할을 제대로 할 수 있게 지도하려면, 가르치는 사람 자신이 가르침을 받는 사람의 안전기지가 되어 안전기지란 무엇인지 체감하게 해야 한다. 이런 과정을 거쳐야 배우는 사람도 다른 사람의 안전기지 역할을 제대로 할 수 있다. 자신이 경험해본 적이 없는 내용을 다른 사람에게 가르칠 수는 없는 노릇이다.

❙ 안전기지가 되기 위한 열 가지 원칙 ❙

어린 시절부터 안전기지 역할을 해주는 부모나 대상이 있었던 사람은 자연스럽게 안전기지의 역량을 갖출 수 있다. 하지만 그런 기회가 없었던 사람은 안전기지 역할을 해본 사람의 도움을 받아야 한다.

실천만으로도 안전기지가 될 수는 있다. 하지만 누구에게나 그런 기회가 주어지지는 않는다. 따라서 지금부터는 안전기지의 기본 원칙을 설명하려 한다. 단순한 지식 전달이 아니라 실천하는 데 도움이 되고 응용하기도 쉬운 기본 원칙을 알려주고자 한다. 간단하지만 실제로 무궁무진하게 활용할 수 있는, 20년 넘는 임상으로 얻은 원칙인 만큼 경험하면 할수록 이 원칙의 중요성을 이해할 수 있을 것이다.

1 ── 안심할 수 있는 관계를 지향한다

누군가의 안전기지가 된다는 것은 상대방이 안도감을 느낄 수 있는 존재가 된다는 뜻이다. 무엇보다 상대방이 불안하거나 두렵다는 생각을 하지 않게 해야 한다. 상대방은 상처를 입고 피신할 장소를 찾고 있다. 따라서 비난이나 비판, 평가는 하지 말고 상대를 있는 그대로 받아들여야 한다.

상처받은 상태에서 야단을 맞거나 질책을 당하거나 생각하고 싶지 않은 일을 떠올려야 한다면, 상대방은 당신을 안전기지로 생각하기 어렵다. 우선, 안심하고 쉬면서 상처를 치유할 수 있는 기댈 언덕이 되어주어야 한다.

안전기지가 제 기능을 하면 상대방은 위로가 필요할 때 찾아와 여유 있게 휴식을 취하고, 상처가 치유되어 활력을 되찾으면 본래 삶의 자리로 돌아갈 수 있다. 굳이 조언해주지 않아도 스스로 행동한다. 꾸짖어달라거나 조언을 해달라고 부탁하지도 않았는데 자기 의견을 내놓으면 상대방을 쓸데없이 고통스럽게 만들어 회복되는 것을 방해할 뿐이다.

그런데 이 기본 원칙조차 실제로 행동에 옮기려 하면 그렇게 간단한 문제가 아니라는 사실을 알게 된다. 적지 않은 사람들이 이 점을 자각하지 못해 상대방을 위협하는 말과 행동을 서슴지 않는다.

대표적인 행동이 상대를 걱정해준다는 이유로 그 사람이 가장 피하고 싶어 하는 내용을 물어보는 것이다. 학교나 회사 문제로 고민하는 사람에게 함부로 학교생활이나 회사 생활에 관해 묻는 것은 상처에 소금을 뿌리는 격이다. 생각하고 싶지 않은데 이런저런 질문을 받게 되면 기운이 나기는커녕 더욱 침울해질 뿐이다. 그런 질문을 던지는 사람에게는 누구도 마음을 열지 않는다.

이 경우, 우선 그다지 중요하지 않은 일상적인 이야기를 해본다. 만약 그런 이야기조차 싫어한다면 잠자코 함께 있어주는 것만으로 충분하다. 무리해서 말을 걸지 않는 태도도 중요하다. 아무 생각 없이 편히 쉴 수 있도록 배려해야 안도감을 느낀다. 마음 내키는 대로 행동해도 괜찮다는 여유 있는 모습을 보여주는 것이 핵심이다. 그렇게 해서 어느 정도 안도감을 느끼면 상대방은 어떤 계기로든 먼저 이야기를 꺼낸다. 당신의 타이밍이 아니라 상대방의 타이밍이 중요하다. 상대방이 말을 꺼내면 조용히 귀를 기울이고 진지하게 들어주면 된다.

가장 나쁜 대응법은 자신이 말하고 싶을 때는 상대방이 원하지 않는 내용까지 일방적으로 늘어놓으면서, 상대방이 속내를 털어놓을 때는 건성으로 흘려듣는 것이다. 심한 경우 기회를 놓쳤다는 사실조차 깨닫지 못한다. 자신의 방식에만 얽매여 있기 때문에 상대방이 힘겹게 털어놓는 속내를 파악하지 못한다.

상대방이 자신이 기대하는 내용과 다른 이야기를 꺼내면 아무 관심 없다는 식으로 반응하는 경우도 있다. 그러면 상대방은 '기껏 힘들게 이야기를 꺼냈는데 아무 반응도 보이지 않네. 이 사람하고는 얘기할 필요가 없어'라고 판단해버린다.

2 ─ 질책하지 않는다

특히 상대방이 자신보다 어릴 경우, 안전기지 역할을 방해하는 요인으로 지나친 질책을 들 수 있다. 부하 직원을 지나치게 꾸짖는 상사, 배우자를 지나치게 힐난하는 배우자도 안전기지가 될 수 없다. 꾸지람을 듣는 쪽과 관계가 악화될 뿐 아니라 상대방은 자존감이나 안도감이 손상되어 심각하면 질병에 걸리는 경우도 드물지 않다.

지나친 질책이 이렇게까지 심각한 영향을 미치는 이유는, 꾸짖거나 힐난하거나 질책하는 태도가 학대 수준으로 애착에 충격을 주기 때문이다. 특히 감정적으로 꾸짖는 태도는 매우 큰 충격을 주기 때문에 상대방은 강한 스트레스를 받아 곧바로 나쁜 증상이나 문제 행동을 드러내거나 상태가 더 심각해질 수도 있다.

아이를 꾸짖으면 꾸짖을수록 더 심하게 반항해 곤란한 상황을 만든다. 돈을 훔쳤다거나 거짓말을 하면 부모는 당황해서 혹독한 벌을 주는데, 그렇게 하면 오히려 문제 행동을 더욱 되풀이한다. 성인도 마찬가지다. 꾸짖으면 꾸짖을수록, 질책하면 질책할수록 결과는 나빠진다. 실수는 물론이고 설령 나쁜 짓을 했을 때도 감정적으로 꾸짖으면 더 큰 부작용을 낳는다.

여기서 행동요법 원리를 생각해보자. 행동요법 원리대로라면 벌을 주면 문제 행동이 줄어야 하는데 실제로는 그렇지 않다. 특히 부모가 자녀에게 벌을 주는 경우에는 정반대 결과가 나타나기도 한다. 왜 그럴까? 애착 모델로 생각하면 쉽게 납득할 수 있다. 벌을 받으면 애착이 또다시 충격을 받아 부작용이 생기는데, 그 부작용이 처벌로 인한 억제

효과보다 크기 때문이다. 그래서 꾸짖거나 벌을 주어서는 좋은 결과를 얻기 어렵다.

그런데 자신에게 애착장애가 있거나 특히 부모에게 학대를 당해 해결되지 않은 문제를 안고 있는 경우, 자기도 모르는 사이에 과거에 강요당했던 사항을 자녀나 부하 직원, 배우자에게 강요하는 경우가 있다. 화가 나면 머릿속이 새하얘져서 마치 누군가에게 조종을 당하듯 심하게 고함을 지르거나 화를 낸다. 이것은 과거의 트라우마가 무의식적으로 나타나는 반응이기 때문에 아무리 신경을 써도 일단 분노 스위치가 켜지면 통제할 수 없는 상태에 빠져버린다. 사람에 따라 가벼운 해리 현상이 나타나기도 한다. 이런 경우에는 트라우마 치료나 약물치료를 병행하면 도움이 된다.

이처럼 정작 치료해야 할 대상이 부모나 상사인 경우도 드물지 않다. 부모나 상사가 자녀나 부하 직원을 다그치기보다 과거의 애착을 회복한 결과 아이나 부하 직원의 문제가 해결되는 경우도 있다. 반복하지만, 특히 어린아이를 꾸짖으면 꾸짖을수록 문제 행동이 악화된다는 사실은 수많은 사례가 증명해준다. 그런 전철은 밟지 말아야 한다.

그러니 첫째, 좋은 행동을 했을 때 칭찬해주고, 둘째, 바람직하지 않은 행동은 무시하자. 셋째, 생명이 걸린 사고나 안전문제 등은 절대 그냥 넘어가지 말고 확실히 반성하게 해야 한다. 문제에 대응할 때는 이렇게 크게 세 가지로 구분해서 방법을 찾는 것이 바람직하다.

3 ── 전혀 꾸짖을 수 없는 관계는
바람직하지 않다

그렇다고 해서 필요한 상황에서도 꾸짖을 수 없다면 안전기지로서 제 기능을 하기 어렵다. 누군가의 안전한 피신처가 되려면 자신부터 사소한 문제에는 흔들리지 않는 완고함과, 위험으로부터 지켜줄 수 있는 강인함을 갖추어야 한다.

우리가 어린아이였을 때 어머니가 얼마나 큰 존재였는지 떠올려보자. 어머니는 마치 신처럼 전능했고 어떤 문제가 생겨도 앞장서서 해결해줄 뿐 아니라 나쁜 짓을 하면 "안 돼!" 하고 분명히 제지했다. 발을 동동 구르면 조용히 다가와 더 이상 몸부림칠 수 없을 정도로 꼭 안아주었다. 결코 때리거나 강제로 제압하지 않았다. 모든 애정을 담아 나를 지켜준다는 안도감을 느끼게 해주었다.

앤 설리번(Anne Sullivan) 여사는 스무 살 때 여섯 살인 헬렌 켈러를 만났다. 생후 19개월 무렵에 걸린 열병 후유증 때문에 시력과 청력을 잃은 헬렌은 아무 교육도 받지 못해서 손으로 음식을 먹었고 다른 사람의 그릇에도 주저하지 않고 손을 뻗었다. 조금이라도 자신의 욕구를 방해받으면 즉시 짜증을 냈다.

딸을 불쌍하게 생각한 부모는 헬렌이 무슨 짓을 해도 꾸짖지 않고 하고 싶은 대로 하도록 내버려두었다. 그래서 설리번이 뭔가를 가르치려 해도 헬렌이 싫어하면 전혀 받아들이려 하지 않았다. 예의를 가르치려 하면 헬렌의 아버지가 즉시 가로막았기 때문에 한계가 있었다. 설리번은 어떻게든 상황을 바꾸어보려고 헬렌과 단둘이 살게 해달라고 요청했고, 부모의 동의를 얻어 따로 살게 된 두 사람은 끊임없이 씨름을 해야 했다.

설리번은 헬렌에게 식사 매너를 가르치려 했지만 헬렌은 받아들이지 않았다. 이 단계에서 헬렌이 보인 특이한 반응은 누군가 자신의 몸에 손을 댈 때 강하게 거부했다는 것이다. 함께 자는 것도 싫어했다. 그러나 달리 의지할 수 있는 사람이 없다는 사실을 깨닫자 점차 설리번을 받아들였고 몸에 손을 대거나 함께 잠을 자는 것도 허용한다.

스킨십이 가능해지면서 헬렌은 설리번에게 친밀감을 느끼기 시작했고 스승의 가르침도 받아들였다. 설리번에게 애착을 느끼자 상대방을 두려워하지 않고 있는 그대로 받아들이게 된 것이다. 두 사람 사이에 강한 신뢰 관계가 형성되자 헬렌은 자진해서 공부를 했고 설리번은 더 이상 헬렌과 실랑이를 벌일 필요가 없었다.

헬렌이 이렇게 변하는 데 걸린 기간은 생각보다 짧았다. 몇 개월, 몇 년이 아닌 불과 2주 만에 헬렌은 완전히 다른 사람처럼 변했다. 안정된 애착이 형성되면 불필요하게 꾸짖을 필요가 없다. 대신 안정된 애착을 형성하려면 긴장하고 싸워야 하는 시기를 반드시 거쳐야 한다.

장애의 종류나 개인 사정은 다르지만 소년원에 들어온 아이와 교관이 가끔 격렬하게 갈등을 빚는 상황도 같은 맥락에서 볼 수 있다. 애착을 안정시키는 데는 신체적 요소가 매우 강하다. 몸을 다치거나 마음에 상처를 받을지도 모른다는 생각에 한 걸음 물러나 소극적으로 대응해서는 진정한 안전기지가 될 수 없다.

가장 바람직한 방식은 어린 시절 뭔가를 필요로 할 때 부모가 적절히 대응해주는 것이다. 하지만 부모가 아이를 전혀 꾸짖지 않거나 지나치게 귀여워해서 애정만 준다면 반드시 화근을 남긴다. 시기가 늦어질수록 그만큼 대응하기도 어려워진다. 단단히 각오하고 몸으로 싸울 각오를 해야 흔들리지 않는 애착을 형성할 수 있다.

4 —— 원하면 응답하라

안전기지가 되어주고자 할 때 또 한 가지 중요한 원칙은 응답성이다. 응답성이란 상대방이 무엇인가를 하면 즉각 반응하는 것이다. 무슨 말을 하면 즉시 웃어주거나 대답을 하는 식으로 일단 반응을 보인다. 상대가 원하는 즉시 응하는 것이다.

아무 반응을 보이지 않는 태도는 그야말로 최악이다. 한마디로 무시다. 반응이 부족하면 즉시 인상이 나빠지고 호감도가 떨어져 안전기지 요건에서 크게 어긋난다. 이는 수천만 년에 걸쳐 인간에게 각인된 생물학적 특징으로, 우리는 자신에게 아무 반응을 보이지 않는 사람에게 불안이나 경계심을 가진다. 가면 같은 표정은 기분이 나쁘고 무섭다. 악의가 전혀 없다 해도 퉁명스러운 표정을 보면 거부당했다, 부정당했다는 느낌이 든다.

애착은 원래 아이를 위험에서 지켜주기 위해 생겨난 개념이다. 따라서 안전기지가 될 존재는 문자 그대로 아이에게 위험이 닥쳤을 때 재빨리 감지하고 보호하는 행동을 보여야 한다. 그렇게 하려면 아이뿐 아니라 주변에도 시선을 돌려야 한다. 아이가 고통을 호소해도 듣지 못하면 대응할 수 없다. 만약의 사태를 대비해 항상 신경을 집중해야 작은 변화에도 즉각 응답할 수 있다. 에인스워스는 이를 '높은 감수성'이라고 표현했는데, 감지하지 못하면 대응할 수도 없다. 즉 높은 감수성과 높은 응답성은 서로 통하는 개념이다.

단순히 '원하면 응해준다'가 아니라, 늘 상대에게 신경을 집중하고 있어야 한다. 원하면 응한다는 말을 '원할 때까지 내버려두면 되는구나'라고 이해한다면 큰 오해다. 내버려두는 것처럼 보일 때조차 신경을 집중해 무슨 일이 발생하는지 자연스럽게 지켜보아야 한다. 물론 아이가 성장하거나 상태가 개선될수록 당사자를 믿고 맡겨야 하지만, 그렇다고 절대 방치해서는 안 된다. 늘 신경을 쓰고 관찰해야 한다.

늦은 반응은 안전기지의 조건으로도 중요한 결함이지만 생물학적으로도 매우 위험하다. 동물의 세계에서 새끼가 도움을 필요로 할 때 어미가 즉각 반응하지 않으면 새끼는 목숨을 잃을 수도 있다. 울고 있는데 내버려두면 포식동물에게 잡아먹히거나 강물에 휩쓸릴 수 있다.

따라서 누군가의 안전기지가 되려면 즉각 반응해주어 당사자가 늘 보살핌을 받고 있다고 느끼게 해야 한다. 예나 지금이나 아이나 성인 모두에게 해당하는, 변하지 않는 원칙이다.

도움을 요청하고 싶어 메일을 보냈는데 이 사실을 잊어버릴 때쯤 답장을 받는다면 당연히 관심이 없다는 생각이 들 것이다. 그렇게 되면 아무리 관심을 보여주어도 그동안 모른 척해놓고 왜 이제 와서 갑자기 간섭이냐는 식의 짜증을 일으킬 수 있다.

애착이 불안정한 사람은 친구나 연인에게 연락했을 때 답이 늦어지는 것만으로도 불안을 느낄 수 있다. 그러니 그들에게 안전기지가 되어주려면 즉각 반응하자. 만약 그럴 자신이 없다면 처음부터 자신은 안전기지 역할을 해줄 대상이 아니라는 사실을 알려주는 편이 좋다.

5 —— 기분이나 몸짓, 목소리 톤을 맞춘다

사람만 누군가의 안전기지 역할을 하는 것이 아니다. 부모가 자녀의 안전기지가 되어주듯 동물들도 새끼에게 안전기지 역할을 한다.

어미 개가 강아지에게 하는 행동을 인간에게도 적용할 수 있다. 다시 말해 안전기지가 되는 데 반드시 어려운 이론이나 높은 지능이 필요한 것이 아니다. 그래서 '비언어적 반응'이 중요하다.

물론 인간은 높은 지능과 풍부한 정서, 다양한 표현으로 소통하는 능력이 있기 때문에 비언어적 반응뿐 아니라 언어적 반응도 중요하지만, 애착을 강화할 때는 비언어적 반응이 특히 중요하다. 비언어적 반응이란 상대방의 목소리, 표정, 몸짓에 자신의 목소리, 표정, 몸짓을 맞춰주는 것이다. 상대방이 낮은 목소리로 천천히 이야기한다면 자신의 속도도 거기에 맞춘다. 표정이나 끄덕임 같은 몸짓도 맞춘다. 이것을 소홀히 하면 아무리 열심히 이야기를 듣는다 해도 상대방은 자신의 이야기에 집중하지 않는다고 생각해 불안을 느낀다. 이쪽의 목소리가 지나치게 높거나 말투가 지나치게 빨라도 위화감을 느낄 수 있다. 그래서는 안전기지가 되기 어렵다.

시선도 중요하다. 상대방이 자신을 똑바로 바라보고 이야기할 때는 이쪽에서도 상대방을 바라보고 이야기한다. 상대방이 시선을 피한다면 이쪽에서도 상대방을 똑바로 응시하지 말고 적당히 시선을 피해가면서 귀를 기울여야 한다. 그래도 상대방의 반응에는 절대로 시선을 떼지 말아야 한다.

이처럼 비언어적 반응에서 안정을 느끼면 친밀감을 느끼면서 마음이 편안해진다. 아무리 말로 적절한 대응을 해주어도 비언어적 반응에서 안도감을 느끼지 못하면 상대방은 자신에게 관심이 없다고 판단해 신뢰하지 않는다.

6 ── 상대방이 원하는 반응을 보인다

진정한 응답성이란 단순히 대응만 하는 것이 아니라 '상대방이 원하는' 대응을 해주는 것이다. 그러기 위해서는 상대방이 무엇을 느끼고 생각하고 있는지를 파악할 수 있어야 한다.

박자 맞추기는 생각보다 중요하다. 상대방과 목소리 톤과 표정, 동작을 맞추다 보면 공감한다는 인상을 주기 쉽다. 동작이나 표정을 공유한다는 것은 마음을 공유한다는 뜻이다. 미러 뉴런(mirror neuron)을 생각해보자. 우리는 상대방의 동작이나 표정을 보고 감정이나 의도를 파악할 수 있는데, 이런 식으로 상대방의 비언어적 표현을 흉내 냄으로써 마음속까지 모방할 수 있다. 상대방이 자신과 비슷한 동작을 하면 같은 기분을 느낀다고 여겨 쉽게 친밀해지기 때문이다.

바꿔 말하면, 비언어적 반응을 억제하는 것은 상대방에게 공감하지 않는다는 뜻이다. 안전기지가 되고자 하는 사람이 그런 태도를 보인다면 속내를 의심받게 된다. 무표정한 태도로 "잘 지내자" 하고 다가가면 상대방은 당황할 뿐이다.

안전기지가 되려면 상대방이 원하는 바를 파악하고 상대방에게 어울리는 반응을 해주어야 한다. 상대방의 반응에 주의를 기울이지 않거나 자기 생각만 내세우면 당연히 어긋날 수밖에 없다. 응답을 하더라도 적절한 반응이 아니면 역효과만 생긴다.

응원과 위로를 받고 싶어 실패담을 털어놓았는데 "너 바보야? 그렇게 하니 당연히 실패하지"라는 답을 듣거나 "이렇게 하면 좋았을 텐데 아쉽네. 그래도 아직 늦지 않았으니까 지금부터라도 이렇게 해봐"라는 식의 조언을 들으면 대부분은 괜히 속내를 털어놓았다고 후회할 것이다. 당연히 더 이상 상대하려 하지 않는다. 그런데 "뭐야? 기껏 얘기 들어주고 조언해줬더니"라며 상대방을 질책하고 자기 잘못은 깨닫지 못하는 경우가 많다. 자신의 반응이 응답성의 원칙에서 벗어나 있다는 사실을 모르는 것이다.

이러한 태도는 감수성의 수준에서 비롯된다. 둔감한 사람은 안전기지가 되기 어렵다는 뜻이다. 둔감한 사람들 중에는 상대방의 마음에는 둔감하면서 자기 마음에는 지나칠 정도로 민감한 경우도 적지 않다. 어쩌면 둔감하다기보다 자기 문제에만 집중하느라 상대방에게까지 신경 쓸 여유가 없는 건지도 모른다. 감정 기복이 심한 사람도, 한 가지 문제에 집중하면 다른 일에는 신경을 쓸 수 없는 사람도, 우울해지면 주변에 관심을 가질 수 없는 사람도 안전기지 역량은 부족하다고 볼 수 있다. 안전기지가 되려면 상대방의 말뿐 아니라 몸짓이나 표정에도 집중해 그가 무엇을 느끼고 원하는지 신중하게 관찰해야 하기 때문이다.

소위 심리상담 전문가들은 비언어적 반응을 간파하는 능력이 매우 뛰어나다. 이들은 상대방의 기분을 정확히 파악해 원하는 반응을 확실하게 보여준다. 높은 감수성과 응답성을 갖추었기 때문에 상대방의 마음을 잘 읽을 수 있는 것이다. 이렇게 달인의 경지에 이른 심리상담사들도 내담자를 만나면 한 번의 상담으로 탈진하는 경우가 있다. 상대방의 작은 반응도 놓치지 않기 위해 모든 신경을 집중하기 때문이다.

이처럼 탁월한 감수성을 갖춘 사람조차 상대방의 마음을 정확하게 파악하고 반응하려면 엄청난 집중력과 에너지가 필요하다. 그만큼 안전기지 역할은 건성으로, 또는 적당히 할 수 있는 일이 아니라는 뜻이다.

7 —— 맞장구, 반복, 의문사의 힘

이렇게 말하면 평범한 사람은 절대 안전기지 역할을 할 수 없겠다고 느낄 수도 있다. 하지만 심리상담을 전문적으로 배운 적이 없는 사람도 상대방의 마음에 다가갈 수 있다. 심리상담을 공부할 때 배우는 가장 기본적인 내용인 상대방의 이야기에 집중하는 세 가지 방법을 익히면 된다.

첫째는 '맞장구'다. "그렇군요", "이런!", "그랬습니까?"라는, 누구나 일상에서 자주 쓰는 반응이다. 고개를 크게 끄덕이면서 맞장구를 치면 더 효과적이다. 공감하면서 듣고 있다는 신호이기 때문에 상대방은 편안한 기분을 느낀다. 기본 중의 기본이지만 이걸 잘해야 한다.

둘째, 상대방의 말을 따라 하는 것이다. 예를 들어 상대방이 "최악이야. 더 이상 회사에 가기 싫어"라고 말하면 "회사에", "싫어"라는 식으로 상대방이 하는 말의 일부를 되풀이하는 것이다. 이를 통해 상대방은 회사가 어떤 상황인지, 왜 싫어졌는지 이야기할 수 있다. 상담 원칙에 따르면 상대방이 직접 한 말이 아니면 반복하지 말아야 하지만 "이런 뜻이구나"라고 상대방 말을 요약하는 것도 좋은 방법이다. 물론, 이 경우도 가능하면 상대방이 직접 한 말을 요약하는 것이 좋다.

셋째, "왜"라는 의문사를 사용하는 것이다. 상대방이 눈물을 흘리면서 "죽고 싶어. 나 좀 죽여줘"라고 했을 때, 성실한 사람이라면 "무슨 소리야? 어떻게그런 극단적인 소리를 해?"라는 식으로 상대방의 말을 부정하고 논리적으로 설득하려 할 것이다. 하지만 이것은 상대방이 원하는 대답이 아니다. 상대방은 자신의 고통을 이해해주고 위로해달라고 요청하는 것이다. 이런 마음을 이해하고 "왜 그렇게 힘드니? 걱정하지 마. 내가 너를 지켜줄게"라고 말해야 정답이다. 단, 이런 말을 할 상황이라면 그 말에 책임을 져야 하기 때문에 단단히 각오하고 건네야 한다. 아무에게나 쉽게 해서는 안 된다.

한편, 상대방의 언어가 아닌 자신의 언어를 사용하면 상대방이 아니라 자신을 중심으로 대화하게 된다. 그런데 이런 대화로 상대방이 좋아진다 해도, 이것은 상대방의 의지와 노력의 결과라기보다 자신이 주도해서 만든 결과이기 때문에 이후 상대방에게 문제가 생길 경우 책임을 져야 한다는 위험이 있다. 그런 상황을 피하려면 되도록 상대방의 언어로 소통하는 것이 좋다. 상대방이 던진 '죽고 싶다'는 말을 그대로 인용하는 것도 방법이지만, 긍정적이지 않은 말을 되풀이하면 자칫 그 말이 가리키는 상대가 오히려 강화되거나 고정될 수 있다.

이 경우에도 '왜'라는 의문사를 사용하는 것이 좋다. "죽고 싶어. 나 좀 죽여줘"라는 말에 "왜 그렇게 생각해?"라고 질문을 던지고 상대방의 설명을 기다린다. "또 상사에게 야단맞았어. 전부 다 싫어"라고 상황을 설명할 수도 있고 "계속 살아봤자 아무것도 못할 것 같아"라고 절망감을 털어놓을 수도 있다. 이때 다시 "왜?"라고 물으면서 생각을 끌어낸다. "야단을 맞았구나. 그런데 왜 죽고 싶다는 생각까지 하게 된 거야?", "왜 아무것도 할 수 없다고 생각해?"라고 묻는 것이다.

그러면 이쪽에서 대답을 준비할 필요도, 해답을 제시할 필요도 없다. 상대방의 본심에서 초점이 벗어나지 않도록 대화를 지속하면 된다. 해답은 이쪽이 아니라 상대방이 직접 찾아야 한다. 안전기지 역할을 하는 사람은 단지 상대가 속내를 털어놓을 때 방해하지 않고 공감해주면서 대화의 흐름을 유지하면 된다.

곤란한 상황을 보거나 고통스러워하는 사정을 듣고 즉시 문제를 해결해주고 싶어 하는 사람은 안전기지가 되기 어렵다. 특히 당사자를 제쳐두고 자기 생각을 해결 방법으로 제시하는 사람은 친절하다고 볼 수는 있어도 사실은 당사자를 방해하는 셈이다. 해답을 찾아주거나 문제를 해결해주는 게 아니라 상대방이 문제에 맞서 스스로 해답을 발견할 때까지 함께 있어주는 것을 지향해야 한다. 그렇게 할 수 없는 사람은 안전기지가 될 수 없다. 당사자를 제쳐두고 일방적으로 해답을 주면 안 된다. 이는 상대를 막다른 곳으로 몰고 가는 행동이자, 같은 실수를 되풀이하도록 유도하는 셈이나 다름없다.

충고를 하거나 지론을 늘어놓는 것도 일방적인 강요일 뿐 적절한 응답이 될 수 없다. 이쪽은 좋은 말을 해주었다고 생각해도 상대방에게는 아무 도움이 되지 않는다. 그러면 상대방은 만족보다 초조함을 느끼게 된다.

8 ── 원하지 않을 땐 조언하지 않는다

안전기지에 요구되는 응답성의 기본은 '원하면 응한다'이다. 이 말은 '원하지 않으면 응하지 않는다'는 뜻이기도 하다.

애착이 형성되는 첫 단계에서 가장 중요한 것은 어머니와의 관계다. 어머니가 자신의 바람대로 단지 시간이 되었다는 이유로 젖을 주면 안정된 애착을 형성할 수 없다. 아기가 배가 고파 젖을 먹고 싶을 때 주는 것이 바람직하다. 원하면 응해야 한다. 원하지 않는데 마음대로 주면 곤란하다. 원할 때 주어야 아기는 자기 욕구나 속도에 맞게 살아갈 수 있고 자기 욕구를 충족시켜주는 존재에게 안도감과 신뢰를 느낀다. 배가 고프지도 않은데 억지로 먹게 하면 위화감과 불쾌감을 느끼고, 이런 경험이 계속 쌓이면 외부 세계나 타인에게도 반감을 느껴 삶을 고통으로 여기게 된다.

'원하지 않을 때는 주지도, 말하지도 않는다'는 누군가의 안전기지가 되기 위해 반드시 지켜야 하는 기본 원칙이다. 자신을 좋은 부모, 헌신적인 지원자라고 생각하는 사람일수록 이 원칙을 어기는 경우가 많다. 하지만 원하지도 않는데 참견하거나 뭔가를 준다면 안도감을 손상시킬 뿐 아니라 상대방이 주체적인 어른으로 성장하지 못하게 방해하는 셈이다.

결국, 이런 행동은 지나친 의존을 낳고 자립을 방해한다. 아이는 부모에게 의존하면서도 자신을 그렇게 만든 부모에게 분노를 느낀다. 반발하면서도 의존할 수밖에 없는 모순된 상황에 아이는 더욱 초조해지고 끝내 공격성과 자기혐오, 자기부정에 빠져 좌절하는 한편, 밖에서는 폭력을 행사하게 된다.

9 —— 변명하지 않는다

다시 한 번 강조하지만 원할 때 응답하는 것은 안전기지의 대원칙이다. 뭔가를 원할 때 즉시 충족되면 자신의 욕구를 이해받는다는 생각에 친밀감, 안도감, 신뢰감을 느낀다. 이런 감정이 쌓여 안정된 애착이 두터워지면 가끔 예상과 다른 반응을 대해도 반발하지 않고 "왜 그럴까?" 하고 상대방에게 관심을 가지거나 자신이 뭔가 잘못했나 하며 스스로를 돌아보게 된다.

반대로, 원하지 않을 때 원하지 않는 것을 일방적으로 받는 경험이 반복되면 혐오감이나 반발을 불러일으킨다. 그런 사람과 함께 있으면 안정을 느낄 수도 없고 편안하지도 않다. 하물며 마음을 열고 싶은 생각은 들 수조차 없다.

그런데 안전기지가 될 자격이 부족한 사람은 자기도 모르는 사이에 변명을 늘어놓는다. 상대방의 마음에 주의를 기울이지 않기 때문에 그런 변명이 상대방의 불안을 키우고 사이를 더 멀어지게 한다는 사실도 깨닫지 못한다. 설사 깨닫는다 해도 변명하는 데 급급해 상대방을 설득하기 위한 이야기만 늘어놓는다.

한 어머니가 아침식사를 준비하며 된장국을 끓였다. 아들이 "좀 싱거운데" 하고 인상을 찡그리자 기분이 상한 어머니는 "네 건강을 생각해서 소금을 덜 넣었는데 어떻게 그런 식으로 말하니?" 하고 짜증을 냈다. 그러자 아들은 자리에서 일어나 방으로 들어가버렸다.

은둔형 외톨이였던 아들이 겨우 용기를 내 식탁에 앉았는데 다시 방으로 들어가버렸다며 어머니는 한숨을 내쉬었다. 어머니는 "아이 건강을 생각해서 음식을 싱겁게 한 게 잘못인가요? 싱겁다고 해서 한마디 했을 뿐인데요"라며 아들의 반응을 도저히 이해할 수 없다는 표정을 지었다.

타인의 마음을 읽는 능력은 저마다 다르다. 어머니에게는 당연한 생각인데 왜 아들은 화가 났을까? 어머니의 말이 아들이 원하는 대답과 달랐기 때문이다. 아들이 음식이 싱겁다고 하자 어머니는 요리를 싱겁게 한 이유를 설명하면서 아들의 생각을 바꾸려고 했다. 그런데 아들 입장에서는 고작 음식이 싱겁다고 한마디 한 것조차 지적을 당하니, 더 이상 무슨 말을 할 수 있을까?

"아, 피곤해!"라고 한마디 했는데 "뭐 그 정도로 피곤하다고 해? 난 너보다 더 피곤해"라고 면박을 주면 그 사람에겐 더 이상 진심을 드러내고 싶지 않을 것이다. 안전기지가 안전한 이유는 어떤 내용이든 진심을 있는 그대로 받아들여주기 때문이다. 아이가 사소한 불평을 해도 부모가 가르친답시고 잔소리를 늘어놓으면 아이에게 그곳은 집이 아니라 사상 개조를 위한 수용소에 지나지 않는다.

이 어머니는 자신이 아들의 마음보다 본인 생각이나 변명을 더 중요시하고, 그것을 아들에게 강요하고 있다는 사실을 전혀 깨닫지 못했다. 아들의 마음을 읽지 못하고 변명에만 집착하니 아들에게 안전기

지가 되어주지 못했고 아들은 마음 둘 장소를 잃어 또다시 자기 방에
틀어박힌 것이다.

10 —— 불필요한 조언을 하는 대신
가만히 들어준다

자기 생각이나 의견만 늘어놓는 사람은 안전기지 역할을 할 수
없는 가장 전형적인 유형이다. 이런 사람은 아무도 의견을 묻지 않는데
자기 마음대로 분석, 평가해 함부로 조언하며 대신 문제를 해결해주려
한다. 전문가나 경험자여서 조언을 한다면 그나마 이해할 수 있지만 이
들은 전문가도, 경험자도 아닌 경우가 더 많다.

이런 성향이 강한 사람들을 두 부류로 나눌 수 있다. 첫째는 충
동성이나 감정 제어 능력이 약한 부류다. 뭔가 생각나면 즉시 입 밖으
로 내뱉을 뿐 아니라 무조건 꾸짖거나 화를 낸다. 극단적인 대응을 하
거나 갑자기 화를 내는 경우도 많으니 당연히 안전기지가 되기 어렵다.
오히려 학대나 가정폭력을 일으키기 십상이다.

둘째, 별로 중요하지 않은 말이라도 계속 늘어놓아야 직성이 풀
리는 부류다. 이들은 성실하고 빈틈이 없어서 사회적으로 존경받는 직
업을 가진 경우가 많다. 이런 사람은 화를 내거나 폭력적이지 않다는 점
에서 첫째 부류와 다르지만, 자기 의견이 뚜렷하고 자신의 성공에 나름

의 자부심을 가지고 있다. 그러다 보니 자기 기준에 지나치게 얽매여 다른 사람의 신념이나 방식은 수용하지 않고, 상대의 말을 있는 그대로 받아들이지 못한다. 모든 것을 자기 가치관이나 논리로 평가하기 때문이다.

그러니 상대방 입장에서는 독단적이라는 느낌을 받아 '어차피 내 마음은 이해해주지 않겠지'라며 단념해버린다. 이런 사람들은 상대방이 용기를 내어 자기 심정을 드러내도 자신의 뜻과 맞지 않으면 본인의 경험이나 신념을 일방적으로 늘어놓으면서 설득하려 들기 때문에 마음을 터놓고 대화할 수 없다. 아니, 얼굴을 마주하는 것조차 피하게 된다. 그러니 이런 사람도 안전기지가 될 수 없고, 당연히 상대방에게 도움이 될 수도 없다. 상대방은 자신을 인정해주지 않는다는 느낌만 받기 때문에 한편으로는 반발하면서도 다른 한편으로 자신을 부정적으로 여기게 되어 힘만 빠진다.

진정 상대방에게 도움을 주고 싶다면 든든한 안전기지가 될 수 있도록 노력해야 한다. 자신의 경험이나 주관은 일단 지우고, 순수한 마음으로 상대의 말에 귀 기울이는 자세가 필요하다. 상대방 입장에서 편견 없는 태도로 귀 기울이며 "그런 기분을 느꼈구나", "그렇게 생각했구나"라고 있는 그대로 받아들여야 한다.

가족보다 심리상담 전문가가 압도적으로 유리한 이유가 여기에 있다. 지금까지 한 번도 내담자에게 뭔가를 기대하거나 상처를 주고받은 적이 없으니, 아무 편견 없이 그 사람의 이야기를 순수하게 받아들일 수 있다.

가족도 이렇게 대해야 한다. 문제 있는 배우자나 자녀를 좋은 방향으로 바꾸고자 한다면 그동안 있었던 일은 모두 잊어버리고 새로운 마음으로 다가가야 한다. 과거의 실수나 원망에 얽매이면 양쪽 모두 앞으로 나아갈 수 없다. 한쪽이 상처받았다는 사실에 집착하면 상대방은 변화하고 싶어도 그럴 수 없다. 그러니 화목하게 지냈던 시절로 돌아가, 상처받은 기억보다 기쁘고 즐거웠던 추억을 먼저 떠올리며 편안한 마음으로 천천히 접근해 돌파구를 찾아야 한다.

사례 7

▎딸의 상처를 파헤치는 데 급급했던 엄마 ▎

교카 씨의 어머니는 딸 때문에 나에게 상담을 받으러 왔다. 교카 씨는 스물세 살의 대학원생으로, 자꾸 우울에 빠지고 자해를 반복하는 불안정한 상태였다. 그런데 교카 씨는 성실하고 학업 성적도 좋으며 고등학교 때까지 꽤 촉망받는 운동선수로 활약했다.

어머니 자신도 오랜 세월 같은 운동을 해왔기 때문에 딸의 공부보다 운동 지도에 더 열심이었다. 어머니는 딸이 운동으로 근성을 키운

만큼 힘든 일이 생겨도 금방 툭툭 털어낼 것이라고 믿어왔다. 그런 만큼 딸의 상태를 이해하기 어려웠다. 하지만 어머니가 미처 몰랐을 뿐, 교카 씨의 마음은 이미 오래전부터 비명을 지르고 있었다.

상담 결과, 교카 씨는 십대 후반부터 남모르게 과식과 구토를 되풀이했다. 또한 친구 관계가 원만하지 않아 고민이 많았다. 교카 씨는 늘 친구를 배려하는데도 친구가 달갑지 않다는 반응을 보여 큰 상처를 받는 일이 많았다. 대학에 가서도 친구 관계 때문에 늘 고통스러웠고 학교를 그만두고 싶다고 생각한 적도 있었다. 그러나 조금이라도 불평을 하면 어머니는 화를 내면서 딸에게 문제가 있다며 야단을 치거나 원치 않는 조언을 늘어놓으며 잔소리를 했고, 교카 씨는 점차 입을 다물게 되었다.

어머니는 딸의 현실을 인정하기보다 자신이 기대하는 이상적인 모습, 즉 공부도 운동도 모두 잘하는 완벽한 딸이 되어주길 바랐다. 교카 씨는 아무리 힘들어도 불평 한마디 할 수 없었고 어머니를 안전기지로 여길 수도 없었다.

그런 상황에서 공부와 운동 모두 잘해야 한다는 압박감에 시달리다 보니 점차 균형이 무너지기 시작했다. 타인의 표정에 민감하고 배려와 양보를 잘한다는 점은 불안형 애착의 특징인데, 어머니에게 지배당하고 어머니의 뜻을 어기지 못하면서 자라다 보니 이런 경향이 더 강해졌다. 교카 씨의 불안형 애착은 친구 관계를 방해하는 요인으로도 작용하고 있었다.

교카 씨의 상태를 개선하려면 어머니가 안전기지 역할을 해주어야 한다. 다행히 어머니가 먼저 딸을 위해 상담을 신청했는데, 이 경우 당사자가 회복되기 쉽다. 어머니를 담당한 상담사는 우선 교카 씨와 평범한 대화를 주고받는 것부터 시작해보라고 권했다. 그때까지 어머니는 입만 열면 교카 씨가 가장 싫어하는 문제를 건드리고 있었다. 어머니 입장에서는 그것이 딸이 가장 시급히 해결해야 할 문제이고 딸에게도 도움이 된다고 생각했기 때문에 당연히 자신이 개입해야 한다고 믿었던 것이다.

어머니의 이런 행동은 몸을 다친 사람을 도와주겠다며 다친 부위를 후벼 파는 행위와 같다. 상대방 입장에서는 너무나 고통스럽다. 누구도 그런 사람을 믿고 도움을 청하고 싶지 않을 것이다. 어머니는 빨리 문제를 해결하려다 딸의 고통이나 괴로움을 인정하고 받아들이는 것을 잊어버린 셈이다. 우선 그 점부터 고쳐야 했다.

다행히 어머니는 상담을 받을 때마다 자신의 불안과 고통을 인정하면서 딸의 상황과 바람을 충족시키는 대화를 할 수 있었다.

▎온전히 이해받은 경험이 있는가 ▎

둘 사이에 벽이 무너지자 딸도 어머니와 자주 대화를 나누게 되었다. 이전에는 듣기 좋은 말만 했지만 이제는 힘든 일이나 고민도 털어놓을 수 있었다. 그런데 여기서 다른 문제가 발생했다. 평범한 수다를 나누는 동안에는 어머니도 적당히 대응할 수 있었지만 교카 씨가 진심으로 속마음을 털어놓자 자신도 모르게 '나는 왜 딸의 불평불만만 들어주어야 하는 거지?'라는 생각에 초조해져서 조언을 늘어놓게 된 것이다. 어머니에게는 문제가 생기면 즉시 해결책을 내놓거나 외면해야 안심하는 습관이 있었다. 한마디로 문제를 안고 있지 못했다. 그러니 상대방이 어떻게 해야 할지 몰라 고민하는 시간을 지켜보고 기다려주지 못했다.

상담사는 "어머니가 해답을 제시하면 안 됩니다. 교카 씨 스스로 해답을 찾을 수 있도록 조용히 지켜보세요. 어머니는 말씀을 삼가고 교카 씨 이야기에만 집중하셔야 합니다"라고 거듭 이야기했다. 동시에 어머니로서 딸을 생각하는 마음, 걱정되고 초조해지는 마음도 그 자체로 충분히 소중하다고 말해주었다. 상담사는 어머니의 어린 시절까지 거슬러 올라가 서둘러 해답을 제시하려 하는 문제도 상담해주었다. 상담 결과, 교카 씨 어머니는 어린 시절부터 감정이나 기분은 외면당하고 결과로만 평가받으며 자란 사람이었다.

애착 수업

어머니는 상담사에게 있는 그대로 이해받으면서 자신 또한 딸에게 이러한 안전기지가 되어주어야 한다는 사실을 자각했고, 그에 걸맞게 행동할 수 있었다. 어머니가 딸을 대하는 방식이 바뀌자 교카 씨도 안정을 되찾았다. 본인 스스로 상담을 받으러 오게 되었고 마음의 짐을 덜어내는 과정에서 인간관계도 원만해졌다. 졸업 후 취업을 해서 힘든 직장 생활을 이어갔지만 어머니가 안전기지 역할을 잘 수행하자 무리 없이 소화해냈다. 나쁜 증상들도 사라졌고 지금까지도 건강하게 직장에 다니고 있다.

이 어머니처럼 쉽게 참견하는 버릇은 하루아침에 바꿀 순 없지만 본인이 자각하고 꾸준히 노력하면 얼마든지 고칠 수 있다. 중요한 점은, 자신이 먼저 안전기지로부터 온전히 이해받는 경험을 하는 것이다.

▎ 자기애가 너무 강하면 안전기지가 될 수 없다 ▎

안전기지가 되기 어려운 또 다른 유형은 어떤 상황에서도 상대방을 제쳐두고 자신이 주인공이 되어야 하는 부류다. 이런 유형은 자기애가 매우 강해서 자신이 중심이 되어야 직성이 풀린다. 따라서 기본적으로 안전기지가 되기에 적합하지 않다. 자기 생각대로 움직이면 좋은 사람, 자기 생각과 다르게 행동하면 나쁜 사람이라고 단정하고, 상대방에게 보

166

조를 맞추지 않으며 상대방의 고유한 특성을 배려하지도 않는다. 당연히 상대방을 있는 그대로 받아들이지도 못한다.

　이런 사람이 부모나 배우자라면 아이나 배우자는 지원을 받기는커녕 변덕스러운 폭군을 받들어야 하는 하인 신세가 된다. 겉으로는 잘 지내는 듯해도 사실은 원하는 인생을 살 수 없다. 자신의 인생을 살고 싶으면 참지 않고 부딪혀서 상대방이 포기하게 만들거나 인연을 끊는 수밖에 없다. 따라서 이런 사람이 누군가의 안전기지가 되려면 자신의 미숙함을 자각하고 이를 극복해야 한다. 그 정도의 결의가 없으면 선불리 안전기지가 되어서는 안 된다.

　물론 이런 문제를 극복하고 상대방과 좋은 관계를 회복해 문제에서 벗어나는 경우도 많다. 이런 사람들은 처음에는 상대방의 문제로 상담을 하러 왔지만 점차 자기 문제에 눈길을 돌려 자신과 배우자, 자신과 부모, 자신과 아이 관계를 새롭게 바라본다. 이런 노력 덕분에 가족 전체가 바뀌는 것이다.

　자기애와 같은 인격 문제를 당사자 개인의 문제로만 다루면 큰 변화를 기대하기 어렵다. 건강하지 못한 자기애가 자리 잡게 된 원인까지 파헤쳐야 미성숙한 자기애가 개인의 문제가 아니라 관계 안에서 비롯된 것임을 알 수 있다. 자신의 인격 문제를 관계 안에서 바라보고 극복하고자 노력한 덕분에, 절대 고쳐지지 않을 것 같던 강한 자기애가 다른 사람에게 피해를 주지 않는 수준까지 완화되어 인간관계도 크게 개선되는 경우가 많다.

▌ CEO 엄마가 딸을 부하직원처럼 대했던 이유 ▌

대학생 딸이 정서 불안으로 자해를 하고, 나이가 두 배나 많은 남성과 호텔을 드나든다며 어머니가 상담을 하러 왔다. 어머니는 딸을 낳은 뒤 전업주부로 살고 싶지 않아 누구보다 열심히 일했고, 지금은 중소기업을 경영하고 있었다. 어머니는 경영자로서 능력을 발휘해 자신이 직접 설립한 회사를 연 매출 10억 엔을 웃도는 규모로 키워냈다. 남편과는 회사 설립 후 얼마 지나지 않아 이혼했으며, 누구의 간섭도 받지 않고 하고 싶은 대로 하며 살아왔다.

어머니는 전남편에게 양육비를 받지 않는 대신 딸과 만나지 못하게 했다. 딸에 관한 모든 일은 어머니 혼자 결정했고 딸도 순순히 따랐다. 어머니는 문제 해결 능력이나 결단력이 뛰어나서 딸의 문제는 자신이 대신 결정하는 게 훨씬 정확하다고 믿고 있었다. 딸과 대화할 때는 일방적으로 지시했고 딸이 뭔가를 제대로 해내지 못하면 불만과 분노를 토로했다. 딸은 어머니를 존경하고 사랑했기에 전혀 반발하지 않았고, 그저 어머니의 기분이 상하지 않도록 순순히 따르기만 했다. 어머니는 늘 마지막에 "네가 평생 편하게 살 수 있는 돈도 충분하니 엄마가 하라는 대로만 하면 돼. 이 회사만 물려받으면 돼"라는 말도 덧붙였다.

딸은 경제적인 어려움을 겪은 적이 없고 장래에 대한 불안도 없었다. 그런데 갑자기 남자와 외박을 하는 등 어머니 입장에서는 도저히 이해할 수 없는 행동을 반복했다. 어머니는 지금까지 고생하며 살아온 게 허무하고 어떡해야 좋을지 모르겠다며 도움을 청해왔다. 오로지 자신의 능력으로 살아왔다는 자부심이 큰 사람이라, 다른 사람에게 도움을 청하는 일은 거의 없었다. 처음에는 상담에도 거부감을 느꼈지만 다른 방법이 없었기 때문에 수치심을 무릅쓰고 찾아왔다고 했다. 말하는 태도에서 어딘가 오만하고 상대방을 낮춰 보는 기색이 느껴졌다. 이 어머니의 딸로 살아간다는 것은 상상만 해도 보통 일이 아니겠다 싶을 정도였다.

역시나 딸을 만나보니, 자신은 지금까지 어머니에게 마음 편히 속내를 털어놓은 기억이 없으며, 어머니는 따뜻한 손길보다는 돈과 선물로만 애정을 보여주었다고 했다. 딸에게 생긴 문제의 상당 부분은 불안정한 애착 때문이었다. 아버지를 그리워하는 마음도 한몫했겠지만 어머니와의 애착이 워낙 불안정했기 때문에 마음 놓고 응석을 부릴 대상이 필요했다.

현재 상태를 바꾸려면 어머니가 딸의 안전기지가 되어주어야 한다고 설명했지만 어머니는 딸의 기분을 이해하고 따뜻하게 대해주라는 말의 뜻을 정확히 이해하지 못했다. "기분을 이해하면 뭐가 달라지나요?", "따뜻하게 대해주는 것도 결국 행동뿐인데 그런 걸로 뭐가 바뀌나요?"라며 고개를 갸우뚱거렸다. 어머니는 다른 사람의 마음이나 애정에는 아예 관심 자체가 없는 듯했다. 평생 일만 하며 살아온 탓일까, 아니면 원래 공감이나 배려심 자체가 부족한 걸까?

▌상처받은 애착은 대물림된다 ▌

나는 상담을 하면서 어머니의 성장 과정을 들었다. 딸의 외할머니는 공주처럼 자란 데다 아이에게는 전혀 관심이 없어서, 어머니는 어린 시절부터 가정부 손에서 자랐다. 어머니는 애정이 부족한 환경에서 사전에 감정을 차단하며 자란 회피형으로, 자신이 그렇게 자라왔듯이 딸도 다른 사람에게 맡기고 본인은 사업에 몰두했다.

처음에는 자신의 약점이 드러나는 것 같아 상담을 좋게 생각하지 않았다. 또한 의사가 자신의 이야기를 들어준다고 무슨 효과가 있을까 의심했다. 이런 심리는 특히 자존심과 자기애가 강한 회피형에게서 흔히 볼 수 있다. 그런데 어머니가 대응 방식을 바꾸어 딸의 상태가 확연히 호전되자 자신이 중요한 무언가를 놓치고 살아온 것 같다며 더 열심히 상담을 받게 되었다.

더 이상 딸을 윽박지르지 않고 딸의 생각을 존중하자 두 사람의 관계는 서서히 바뀌어갔다. 처음에는 어색했지만 차차 딸의 이야기를 들어주는 시간이 늘어나면서 일상적인 대화는 부담 없이 나눌 수 있게 되었다.

딸은 어머니가 자기 이야기를 들어주어 감동했다고 말했다. 어머니도 딸과 식사를 하면서 "생각해보니 나 혼자 이야기한 적은 있어도 너와 대화를 나눈 적은 없구나"라며 자신이 독단적이었음을 인정했다.

비로소 딸은 어머니에게 마음 놓고 속내를 털어놓고 때로는 응석도 부리게 되었다. 딸이 결혼하고 싶은 사람을 만났을 때도 어머니는 이러저러한 문제에 간섭하지 않고 스스로 결정하라며 용기를 주고 응원했다. 예전에는 상상도 할 수 없는 일이었다.

▌강박이 강하면 안전기지가 될 수 없다 ▌

안전기지가 되는 과정을 방해하는 좀 더 복잡한 요인 중에 콤플렉스나 집착 때문에 진심 어린 공감을 할 수 없는 경우가 있다.

대표적인 것이 학벌 콤플렉스인데, 학벌 말고도 도중에 포기한 운동이나 음악에 대한 미련, 직업관 등이 투영되어 자기도 모르게 아이를 조종할 수 있다. 이러면 가정은 안전기지가 아니라 합숙소가 되어버려 아이 스스로 선택할 수 있는 범위가 좁아진다. 집이 합숙소 같다면 한동안은 아이를 길들일 수 있겠지만, 언젠가는 아이가 반항하고 결국 좌절한다. 이뿐 아니라 원래 아이가 원하는 데 썼어야 할 시간과 에너지까지 무의미하게 낭비된다.

아이가 어릴 때는 부모가 원하는 바를 마치 아이가 바라는 것인 양 유도하기가 어렵지 않다. 하지만 아이 스스로 진로를 선택하고 인생을 개척하는 데 걸림돌이 된다. 결국, 중요한 시기를 다 놓친 후에 처음부터 다시 시작해야 한다. 다시 시작하겠다는 의욕조차 없다면 오랜 세월 무기력한 상태로 될 대로 되라는 식의 엉망진창인 생활을 하게 된다.

부모에 대한 원망이나 과거에 상처받은 기억이 되살아나 안전기지가 되는 것을 방해할 수도 있다. 부모가 아이 앞에서 자신의 부모(아이의 조부모)에 대해 험담을 하거나, 헤어진 전 배우자에 대한 증오심을 내뱉으면 아이는 할아버지나 할머니, 또는 함께 살지 않는 부모에게 부정적인 감정을 느낄 수밖에 없다. 조부모나 헤어진 부모에 대한 애착이 상처를 받으면, 그들은 아이에게 무거운 짐이 되어버린다. 아이 입장에서는 자신이 마음속으로 소중히 여기는 대상을 부정하는 부모도 믿지 못하게 되어, 결국 부모 자신도 안전기지 역할을 할 수 없다.

이처럼 상처받은 애착은 부정적인 연쇄 반응을 가져온다는 점을 주의하자.

▎ 소통이 잘된다면, 좋은 안전기지다 ▎

안전기지가 되는 것을 방해하는 또 하나의 요인으로 '해야 한다'는 경직된 사고를 들 수 있다. 앞에서도 설명했지만 안전기지가 되어 애착을 안정시켜주는 데 필요한 조건 중 하나는 응답성이다. 응답이란, 상대방이 원하는 대로 대응하는 것이다. 상대방이 웃으면 함께 웃어주고 울면서 도움을 청하면 안아주는 것이다. 따라서 적절한 대응을 하려면 상대방이 무엇을 원하는지 정확히 이해해야 한다. 기저귀가 젖어서 우는데 젖을 먹이려 하면 아이는 당연히 싫어한다.

그런데 '해야 한다'는 사고는 응답성을 무시한다. 상대방이 무엇을 원하는지, 이걸 주면 상대방이 기뻐할지 싫어할지는 안중에 없고 자신이 주고 싶은 것을 일방적으로 준다. 몇 시가 되면 우유를 얼마나 먹여야 한다, 몇 살이 되면 이런 공부를 시켜야 한다, 좋은 대학에 가려면 이런 공부를 해야 한다고 생각해 안달복달하면서 아이의 바람은 무시하고 해야 한다고 믿는 것들을 시키는 데만 열중한다.

이런 행동은 강요에 지나지 않는다. 앞에서 소개한 원칙을 정면으로 거스른다. 억지로 먹으면 아무리 맛있는 음식도 소화가 되지 않는다. 억지로 하는 공부는 즐거울 리 없다. 아무리 아이를 위해서 하는 행동이라도 결국 방해만 될 뿐이다. 정말 실력 있는 교사는 무리해서 가르치지 않고 학생이 흥미를 느낄 만한 내용을 서서히 보여주는 식으로 재미와 호기심을 자극해 '이거 재미있네', '이 내용을 좀 더 알고 싶어'라고 생각하게 만든다. '왜 이럴까?', '어떻게 하면 좋을까?' 하며 스스로 관심을 기울일 때까지 기다린 다음 가르친다.

이렇게 자발적으로 공부하는 아이는 흥미와 관심을 가지고 지식을 익히려 한다. 억지로 시키지 않아도 알아서 공부한다. 안전기지 역할에 충실하면 자연스럽게 아이의 능력을 최대한 이끌어낼 수 있다.

아이에게 문제가 생기는 사례를 살펴보면, 부모 자신이 문제를 안고 있거나 막다른 상황에 처해 있는 경우가 많다. 부모가 안전기지로서 제 역할을 다하지 못하기 때문에 아이를 제대로 지원하지 못하고 아이는 좌절한다. 아이를 회복시키려면 부모가 먼저 활기를 되찾은 다음 적절히 지원해주어야 한다.

간혹 상담사가 어머니를 앉혀놓고 양육 방식에 문제가 있다고 훈계하는 경우를 볼 수 있다. 이런 식으로 대하면 어머니는 기운이 빠져 자신감을 잃어버린다. 만사가 귀찮아져서 종일 누워 지내는 등 아이에게 더 집중하지 못한다. 건성으로 아이를 대하거나 의미 없는 반응을 보이기도 한다. 그러면 응답성은 더욱 약화되고 안전기지와는 점점 멀어진다.

악순환이 반복되면 대부분 기대와 어긋나는 상황이 발생한다. 부모와의 관계가 불안정하거나 배우자가 전혀 협조하지 않아 의지할 안전기지가 없는 어머니는 일과 육아 양쪽에서 막다른 골목에 몰려 자신도 아이도 돌보지 못한다. 자신에게 안전기지가 없으니 상대에게도 안전기지가 되어줄 수 없고 상황을 더욱 복잡하게 만드는 것이다.

애착은 상호작용이다. 애착을 활성화하고 안도감을 높이려면 상대방의 부족함을 힐난하기보다 따뜻하게 대하려고 노력해야 한다. 그렇게 하면 상대방도 안정을 되찾을 수 있다.

6장

애착 유형에
따른
대처법

•
•

불안형은 인정욕구가 강하고 평가를 두려워한다.
회피형은 위로보다 직언과 현실적인 해결책을 원한다.
미해결형은 쉽게 상처받으면서도 의지할 대상을 갈구한다.

이 점을 이해하지 못하면 대화는 어긋나고
시간이 지날수록 오해가 깊어질 수밖에 없다.

지금까지 의학이나 심리학은 인간의 보편적 특징을 중심으로 연구를 지속했다. 예를 들면 "열이 나면 이런 부분을 조심하고 이렇게 대처한다"는 식인데, 이것은 개개인의 특성을 초월해 누구에게나 적용할 수 있는 방법이다.

심리요법이나 상담 영역에서도 "인간에게는 마음이 있으며 감정이나 사고를 공유할 수 있다"는 개념을 전제로 논의를 진행한다. 남성 환자를 남성 상담사가 맡을 때도 있지만 여성 상담사가 맡을 때도 있다. 성별을 초월해 마음이나 생각은 보편적인 특성이 있기 때문이다.

이런 일반화를 무색하게 만드는 정신질환 중에 통합실조증이 있다. 환각이나 망상에 사로잡혀 상식이 통하지 않는 사람을 상대하면 생각이나 느낌을 공유하기가 쉽지 않다. 경험을 공유하기 어려운 경우를 '이해 불능'이라고 부른다. 그동안 수많은 유명 정신의학자들이 이해 불능이라는 이 장벽에 도전해 마치 암호를 풀듯 의미를 밝혀내고자 했다.

통합실조증 외에도 상식이 통하지 않는 사례가 있는데 그중 하나가 인격장애다. 인격장애가 있는 사람은 상식적으로 기대할 수 있는 반응과 전혀 다른 반응을 보이는 경우가 많다. 예전 같으면 단지 '이상한 사람'으로 여겼겠지만, 지금은 인격장애를 앓는 사람은 일반인과는 다른 방식으로 생활하기 때문에 같은 문제라도 일반인과 다르게 받아들이고 대처한다는 사실이 밝혀졌다.

애착 유형은 인격의 토대를 결정한다. 애착 유형이 다른 사람은 언어와 문화가 다른 외국인이라고 볼 수 있다. 이 점을 이해하지 못하면 언어나 문화의 차이를 무시하고 소통하는 무의미한 행동을 하게 된다. 당연히 대화는 어긋나고 오해가 발생한다.

실제로, 도처에서 이런 현상이 발생하고 있다. 개인의 애착 유형에 따라 어떤 인지나 사고방식, 감정이나 행동 특성이 자리 잡는지 이해하지 못하면 상대방의 속마음을 포착하기 어렵다.

누군가의 안전기지가 되려면 섬세한 감수성을 바탕으로 상대방의 마음이나 의도를 파악하고 적절히 응답할 수 있어야 한다. 하지만 상대방이 느끼는 생각과 감정, 행동 방식이 나와 다를 수 있다는 사실을 충분히 이해하지 못하면 그 나라의 문화와 언어도 모르면서 외국인과 소통하려 하는 것과 다름없다. 이해한다고 생각하지만 사실은 서로 오해하고 있을지도 모르고 자신은 좋은 뜻으로 한 말인데 상대방을 화나게 만들 수도 있다. 애착 유형이 다른 사람, 특히 애착이 불안정한 사람을 상대하는 것은 정말 위험하고 힘든 일이다.

그러니 애착장애나 불안정한 애착에 시달리는 사람과 깊은 관계를 맺을 때는 해당 유형을 잘 이해하고 감정이나 행동의 특성도 알아두어야 한다. 이 장에서는 대표적 애착 유형인 불안형, 회피형, 미해결형에 접근하는 방법을 살펴보자.

▎ 불안형 애착 이해하기 ▎

—— 부정이나 비판에 과잉반응을 보인다

불안형은 다른 사람이 자신을 어떻게 받아들이고 얼마나 인정하는가에 매우 민감하다. 상대의 반응이 조금이라도 이상하거나 평소와 다르면 불안해진다. 상대방의 표정을 살피며 필사적으로 인정받으려고 노력하지만 조금이라도 자기를 낮게 평가하는 기색이 엿보이면 기분이 가라앉고, 궁지에 몰리면 오히려 화를 내면서 공격적인 반응을 보이기도 한다. 자신을 지나치게 원망하거나 상대방에게 지나치게 화를 내며 과잉반응을 보인다. 이런 유형은 자신뿐 아니라 주변 사람들에게도 고통을 준다.

불안형은 다른 사람에게 인정받고 싶다는 생각이 강해서 지나칠 정도로 '착한 아이'를 연기한다. 하지만 금세 한계가 온다. 그래서 일단 공격성을 드러내면 마치 금이 간 둑이 터지듯이 스트레스가 폭발한다. 이런 사람은 긴밀한 관계를 맺을수록 처음 연기하던 착한 아이와는 정반대인 나쁜 모습을 드러낸다. 배우자나 연인, 친구, 또는 아이에게도 감정적으로 분노를 폭발시킨다. 본인 입장에서는 자신을 화나게 만든 상대방이 나쁜 사람이지만, 실제로는 본인도 똑같은 사람이 되어버리는 것이다.

불안형이 좋은 사람, 나쁜 사람으로 반응할 수밖에 없는 이유는 지나치게 바라는 성향 때문이다. 자기 자신에게는 물론이고 상대방에게도 지나치게 바라기 때문에 사람들이 자신에게 완벽하게 맞춰줄 수 있을 때는 좋은 모습을 연기하지만 그렇지 못한 경우에는 즉시 나쁜 모습을 드러낸다.

이런 사람의 부모 역시 자녀가 착한 아이일 때는 받아들이고 사랑해주지만 나쁜 모습을 보면 화를 내고 외면하는 경우가 많다. 그래서 자신을 화나게 만드는 나쁜 사람을 보면 자신이 당했던 것처럼 똑같이 거부하고 고통을 주어야 화가 풀린다. 어린 시절 무서운 부모에게 야단 맞았던 아이가 크면 무서운 부모가 되어 나쁜 아이를 꾸짖는다. 상대방만 착하게 굴면 자신도 따뜻한 배우자, 따뜻한 부모가 될 수 있다고 생각하면서.

어린 시절 몸에 밴 양극단의 과잉반응 때문에 불안형 애착을 보이는 경우도 있다. 불안형은 어떤 사람을 지나치다 싶을 정도로 좋게 평가하다가 갑자기 매우 나쁜 사람이라고 폄하하는 태도를 자주 보인다. 주변 사람들로서는 얼마 전까지 입이 마를 정도로 칭찬을 하다가 왜 갑자기 돌변하는지 이해하기 어렵다.

칭찬하거나 폄하하는 상대가 제삼자라면 큰 문제가 아니지만 가까운 사람에게 화살이 돌아가면 문제는 커진다. 신기하다 싶을 정도로 추켜세우다가 하루아침에 갑자기 나쁜 사람으로 몰아가는 극단적인 태도 때문에 주변 사람들은 점차 피하게 되고 신뢰 관계는 무너진다. 그가 설령 좋은 말을 해도 언제 또 부정적으로 바뀔지 알 수 없기 때문에 곧이듣지 않는다.

이 경우 '사람들이 나를 믿지 않는다'는 사실을 민감하게 받아들이고 본인도 더 이상 노력할 필요가 없다는 결론을 내리면 시도 때도 없이 사람들을 응징하려 한다. 따라서 좋은 관계를 유지하는 기간이 매우 짧고 걸핏하면 대립하고 싸운다. 부부나 연인이라면 헤어지면 되지만 부모 자식 관계라면 결코 간단한 문제가 아니다. 이 유형의 사람들과 어떻게 해야 적절하고 안정된 관계를 유지할 수 있을까?

─── 공감이 가장 중요하다

불안형은 인정받고 싶은 욕구가 매우 강하다. 이것이 대인관계에서 가장 큰 관심사라 해도 지나치지 않을 정도다. 조금이라도 외면당하거나 거부당했다는 느낌이 들면 기분이 상해서 비판적으로 돌변한다. 자신을 인정해주지 않는 상대는 필요 없다며 화를 내는 극단적인 반응까지 보인다. 이런 상태가 되면 아무리 상대가 도움을 주려 해도 더 이상 마음을 열지 않는다. 불안형은 자신이 거부당했다는 사실을 쉽게 떨쳐내지 못하기 때문에 그런 언행을 보인 상대를 쉽게 용서하지 않는다. 일단 이런 인식을 심어주면 원만한 관계를 맺기가 어렵다. 그러니 거리를 두는 수밖에 없다.

이런 최악의 상황에 빠지지 않고 불안형에게 안전기지가 되어주려면 무엇보다 먼저 공감해야 한다. 상대방의 마음을 있는 그대로 받아들이고 고통과 괴로움을 달래주어야 한다. 이를 게을리하면 아무리 좋은 말을 해주고 도와주어도 저 사람은 나를 이해해주지 않는다고 생각해버린다. 애써 조언이나 지원을 해도 받아들이지 않는다. 자신을 이해해주지 않는 사람은 믿을 수 없다는 것이다.

불안형은 불평이나 불만, 쓸데없는 걱정이 매우 많은데 이를 건성으로 대하지 말고 진지하게 귀 기울여 들어주어야 한다. 불안형은 무엇보다 공감을 받을 때 안정감을 느끼기 때문이다. 실질적인 조언이나 지원은 그다음이다. 하지만 실용주의자들은 이런 마음을 이해하기 어렵다. 상대방이 공감을 바라는데 "그건 신경 쓰지 않아도 돼", "이렇게 하면 돼"라는 식으로 대처 방법만 알려주거나, "너무 지나친 반응이야", "왜 쓸데없는 걱정을 해?" 하며 상대방을 질책하려 든다.

하지만 불안형에게 이런 식으로 대응하면 '이 사람은 나를 인정해주지 않는구나', '내 감정을 부정하네'라고 결론을 내린다. 답답한 불안감이나 고통은 전혀 해소되지 않았는데 자기 이야기에 귀를 기울여 주기는커녕 부정적인 반응만 보이니 더 이상 상대할 필요가 없다고 생각하는 것이다. 당연히 점차 불만이 커지고 초조해져 공격적인 태도를 보이다가 폭발한다. 따라서 처음부터 진지하게 귀를 기울이고 고통과 괴로움에 공감하는 모습을 보여야 신뢰를 얻을 수 있다.

—— 성실한 사람에게 안정을 느낀다

여성에게 인기 있는 남성들 중에는 성실한 유형이 많다. 이것이 보편적 진실인지는 모르겠지만, 특히 불안형은 성실한 사람에게 압도적으로 호감을 느끼는 경우가 많다. 바꾸어 말하면 성실하지 않은, 노력하기 싫어하는 사람은 처음에는 호감을 얻어도 점차 사랑을 잃어버린다는 뜻이다. 불안형은 항상 자신을 감싸주고 보살펴주고 관심을 기울여주는 사람을 원한다.

불안형에게 장거리 연애는 커다란 시련이다. 가끔 만날 수밖에 없는 사람보다 가까운 곳에 있어서 늘 의지할 수 있는 사람에게 끌린다. 불안형에게 필요할 때 당장 의지할 수 없는 존재는 있으나마나다. 이 유형은 답장이 늦어지는 것만으로도 기분이 나빠지거나 불안한 모습을 보인다.

앞에서 안전기지의 중요한 요건 중 하나는 응답성이라고 설명했다. 원하면 응답한다. 이것이 불안형에게 안정된 애착을 구축할 때의 기본 원칙이다. 연락을 했는데 좀처럼 답장이 오지 않으면 응답성에 문제가 있다는 뜻이다. 안전기지로서는 실격이다.

성실함이란 덕목이 왜 그렇게 불안형을 기쁘게 하고 안심시키는 걸까? 응답성이 높기 때문이다. 즉각 응답해주는 누군가가 곁에 있다는 사실은 자신의 존재 가치를 인정받는 데 지나치게 집착하는 불안형에게 무엇과도 바꿀 수 없는 안도감을 준다. 불안형의 안전기지가 되고 싶다면 이 점을 확실히 새겨두고 항상 성실한 반응을 보여주어야 한다. 불안형에게는 "내일 얘기하자"고 조금만 뒤로 미뤄도 엄청난 오해를 낳을 수 있다.

'기다리게 한다'는 점도 불안형을 더욱 불안하게 만드는 요인이 될 수 있다. 따라서 정성을 다해 재빨리 반응하는 데 신경을 쓰면 원만한 관계를 유지할 수 있다. 만약 적절히 응답할 수 없다면 상대방이 정말 힘들었겠다는 점을 이해하고 분명히 사과해야 한다. '중요한 것도 아닌데'라는 태도는 불안형의 상처를 부풀릴 뿐이다.

—— 진심을 말하지 않고
속내와 다른 반응을 보인다

불안-집착형은 언제 상대방을 당황시킬까? 속으로는 원하면서 겉으로는 다르게 말하는 식으로 솔직하지 않은 반응을 보일 때다. 특히 가까운 사람이나 애증이 얽힌 존재에게 이런 반응을 더 강하게 드러낸다. 친밀한 관계일수록 진심과는 다른 반응을 보일 때가 많은데 불안-집착형에게는 이것이 이른바 응석을 부리는 방식이기 때문이다.

불안형은 상대방이 자신을 어떻게 생각하는가에 지나치게 신경을 쓰기 때문에 좀처럼 진심을 드러내지 않는다. 말하지 않아도 알아주기를 바라는 마음이 강해서 상대방이 그 마음을 올바르게 이해하지 못하면 초조해한다. 그래서 기분 나빠 하거나 슬퍼하거나 말을 안 하거나 공격적 태도를 취하는 등 이해하기 어려운 반응을 보인다.

당사자는 "왜 내 마음을 몰라주는 거야?"라고 답답해하지만 상대방은 왜 저런 태도를 보이는지 알 수가 없으니 "또 시작이네" 하는 생각만 하게 된다. 그래서는 불안-집착형의 안전기지가 될 수 없다.

불안형이 기분 나쁜 태도, 거부, 공격적인 반응을 보인다는 것은 "나에게 좀 더 신경을 써줘", "내 마음을 좀 더 이해해줘"라는 일종의 항의 표시다. 따라서 그런 반응을 보고 기분 나쁜 표정을 짓거나 귀찮다는 태도를 취하면 관계는 더욱 멀어진다. 그럴 때는 "무슨 일 있어?" 하고 물어보아야 한다. 물론 "아니"라고 대답할 수도 있지만 흘려듣지 말고 "무슨 기분 나쁜 일이라도 있어?"라거나 "힘든 일 있어?"라고 계속 물어봐주어야 한다. "알았어, 편할 때 이야기해", "왜 그러는지 말해주면 좋을 텐데"라는 식으로 한 걸음 물러나 조심스럽게 재촉하는 것도 좋은 방법이다. 말하고 싶지만 먼저 다가가고 싶지는 않아 주저하고 있을 수도 있기 때문이다. 핵심은 먼저 다가가는 자세를 보이는 것이다.

분노가 폭발해서 원망을 쏟아내더라도 "그동안 이렇게 힘든데 참고만 있었구나. 하고 싶은 말이 있어도 할 수 없어서 괴로웠겠구나"라고 받아들이고 반론이나 반격은 하지 말아야 한다. 상대방이 하는 말을 있는 그대로 받아들여야 한다. 방어하거나 변명하지 말고 불안형의 마음을 짐작하고 어루만지는 말을 던지면 마음을 안정시키고 관계를 개선하는 데 도움이 된다. "하고 싶은 말이 있는데도 하지 못하고 참고 있었구나", "그동안 이런 마음이었구나. 일찍 알아주지 못해서 미안해" 정도면 된다.

상대방의 마음을 먼저 생각하는 자세가 중요하다. 자신의 형편이나 사정을 늘어놓으면서 변명하는 태도는 분노를 부채질할 뿐이다. 단, 상대방의 마음을 이해해주고 "사실 나도 그동안 말은 안 했지만 줄곧 걱정하고 있었어"라거나 "네가 기대한 만큼은 아닐 수도 있지만 나는 너를 정말 소중하게 생각해"라고 덧붙여주면 상대방에게 인정받고 싶어 하는 불안형을 크게 안심시켜줄 수 있다.

—— 누군가 대신 결정해주기를 바란다

불안형은 뭔가 불쾌한 일이나 자기 생각에 어긋나는 일이 발생했을 때, 지나칠 정도로 민감한 반응을 보인다. 그리고 주동자라고 생각하는 사람을 비난하거나 매도한다. 이런 행동에 대해 "그렇게까지 민감하게 굴 필요는 없잖아"라는 식으로 무심한 태도를 보이면 본인 생각을 무시했다거나 본인 마음을 알아주지 않는다는 이유로 더 화를 내거나 비난한다. 일단은 조용히 넘어가지만 가슴속에 간직했다가 나중에 때가 되면 보복할 수도 있다.

불안형은 혼자 결정하는 것을 두려워한다. 중대한 결정뿐 아니라 사소한 판단도 자기 혼자서는 내리기 어려워한다. 그래서 다른 사람에게 물어보고 조언을 구한다. 실제로 이런 유형이 심리상담사를 많이 찾는다.

하지만 상담에서는 일반적인 해답을 제시하지 않고 경청과 공감을 중심으로 본인이 해답을 찾을 수 있게 안을 제시할 뿐이다. 그러니 불안형 입장에서는 뭔가 부족하다고 느낀다. 불안형은 스스로 결정하는 데 서툴러 누군가 대신 결정해주기를 바라고, 스스로 발견하려 들지도 않는다. 어떻게 해야 좋을지 누군가 해답을 주기를 바란다.

따라서 해답을 주고 싶어도 그래서는 안 된다. 본인이 생각하고 찾을 수 있도록 해야 한다. "당신은 어떻게 생각해?", "어떻게 하면 좋을까?"라는 식으로 어디까지나 상대방의 주체성을 존중하는 태도를 보여주어야 한다. 또한 자신의 마음이나 생각을 이야기했을 때는 긍정적으로 평가하고 적극 지지해주어야 한다.

| 회피형 애착 이해하기 |

── 상담을 선호하지 않는다

회피형은 좀처럼 상담을 받으려 하지 않는다. 실제로 상담을 받기 위해 찾아오는 사람들 대부분은 불안형이다. 물론 최근에는 회피형도 꽤 늘었다. 내가 운영하는 클리닉과 상담센터 환자들을 보면 불안형과 회피형의 비율이 비슷하다.

불안형과 비교하면 회피형의 상담 진행은 더딘 편이다. 대인관계에서 심하게 긴장하고 자기개시(self-disclosure, 속마음을 감추지 않고 드러냄-옮긴이)가 서투르며 경계심도 강하기 때문에 대화가 깊어지기까지 시간이 걸린다. 한두 마디 던지고 입을 다무는 사람도 적지 않다.

그렇다고 상담이 회피형에게 도움이 되지 않는다는 말은 아니다. 끈기 있게 상대하면서 작은 노력을 쌓아가다 보면 어느 틈엔가 커다란 변화가 생기는 사례도 많다. 다행히 회피형은 쉽게 흔들리지 않는 장점이 있기 때문에 일단 변화가 시작되면 안정적으로 지속된다. 다시 말해 변화를 일으키기까지는 시간이 걸리지만 일단 변화되면 쉽게 예전으로 돌아가거나 중간에 포기하지 않는다.

—— 다 같은 회피형이 아니다

회피형은 대체로 친밀한 관계를 피하려 한다. 그런데 회피형과 비슷하면서도 약간 다른, '두려움-회피형'이 있다. 일반적인 회피형은 학대당하는 환경에 적응하느라 정서적인 관계를 피하게 되어 우울해지지만 두려움-회피형은 마음속으로는 정서적인 관계를 원하면서도 거부당하거나 상처받는 것이 두려워 접근하지 못한다. 다가가고 싶지만 다가갈 수 없는 것이다.

회피형은 친해지더라도 표면적인 관계를 맺을 뿐 진정한 친밀감이나 신뢰를 쌓기는 어렵다. 안정형이나 불안형인 사람이 회피형을 만날 경우, 오래 만나도 마음의 거리가 좁혀지지 않아 서로의 마음을 공유할 수 없기 때문에 초조해한다. 겉으로는 친한 척해도 진실하다는 느낌을 받을 수 없어서 마치 이용당하는 듯한 공허함을 느낀다. 반대로, 회피형은 정서적 관계를 원하는 안정형이나 불안형의 요구를 이해할 수 없어서 고민에 빠진다. 이해득실로 연결되는 실용적인 관계야말로 유일하게 믿을 수 있는 관계라고 생각하기 때문이다.

한편, 두려움-회피형은 친밀해지기까지 높은 장애물이 가로막고 있어서 좀처럼 거리를 좁히기 어렵지만 상대방이 지속적으로 다가

오거나 진심을 보이면 점차 마음을 열고 돈독한 관계를 구축한다. 단, 이 경우에도 불안형과 회피형의 특성을 모두 보이기 때문에 관계가 안정된다고 장담하기는 어렵다.

상대가 어떤 유형이든 안전기지가 되어주기란 쉬운 일이 아니다. 회피형은 안전기지 따위는 필요 없다는 식으로 행동하고 두려움-회피형은 안전기지가 정말로 안전한지 믿을 수 없기 때문에 마음을 열기까지 시간이 걸린다. 단, 두려움-회피형이 마음속으로는 안전기지를 더 절실하게 원하기 때문에 회피형보다 관계를 구축하기 쉽다.

회피형은 누군가의 안전기지가 되어 안정된 애착을 형성하기가 가장 어려운 유형이다. 대신 어린아이나 청소년이라면 아직 부모에게 의지하고 있고 마음도 어느 정도 유연한 편이기 때문에 그렇게까지 어렵지는 않다. 물론, 성인이라도 오랜 시간에 걸쳐 타인과 관계를 맺으면 애착이 형성되어 대인관계나 행동에 변화가 생길 수 있다.

——— 자신을 지키기 위해 미루고 외면한다

회피형의 또 다른 특징은 문제에 맞서지 않는 방식으로 자신을 지킨다는 것이다. 현실의 과제를 눈앞에서 치워버림으로써 마음이 흐트러지고 불안해지는 상황을 피한다. 당연히 주변 사람들은 회피형의 행동을 이해하기 어렵다. 심각한 문제에 부딪혔는데 해결하려 하지 않고 마치 아무 문제 없는 것처럼 행동하기 때문이다.

컨디션이 나빠서 식욕이 없는 경우, 안정형은 의사에게 진찰을 받고 치료하려 한다. 그런데 회피형은 식욕이 없다는 사실 자체를 머릿속에서 지워버린다. 더 이상 손을 쓸 수 없을 정도로 악화되어 병원으로 실려 갈 때까지 움직이지 않는 유형이 회피형이다. 큰병일지도 모른다는 현실과 맞닥뜨리고 싶지 않은 것이다. 이들은 가족 문제, 회사 업무 할 것 없이 기본적으로 같은 태도를 취한다. 가능하면 귀찮은 일은 하지 않고 막다른 골목에 몰릴 때까지 계속 미루며 문제를 해결하려고 노력하지 않는다. 결국 상처는 더욱 커지고 문제는 더욱 확대된다. 초반에 약간의 노력만 기울였다면 아무렇지 않게 해결할 수 있는 일을 방치해 큰 사태로 키우는 식이다.

—— 본인도 자신의 감정을 잘 모른다

회피형은 특히 감정에 얽매이기를 싫어한다. 어릴 때부터 보살핌을 받지 못하고 방치되거나 울어도 아무도 도와주지 않는 상황을 겪으면서, 욕구나 감정을 표현해도 아무 소용이 없고 쓸데없이 상처만 입는다는 사실을 배웠기 때문이다. 애착을 가지고 상대방에게 마음을 쏟아봤자 상처와 충격만 받을 뿐이다. 그러니 처음부터 아무것도 원하지 말고, 느끼지 말고, 사랑하지 않는 것이 가장 상처를 덜 받는 방법이라고 생각한다.

회피형은 오랜 세월 진심이나 감정을 억제하는 것이 당연하다고 생각하며 살아왔기 때문에 자기감정이나 기분을 잘 모르는 경우가 많다. 이런 사람에게 "기분이 어때?", "어떻게 생각해?", "어떻게 하고 싶어?"라고 물으면 "모르겠는데"라는 대답만 돌아온다. 거짓말이 아니라 본인도 정말 모른다. 그러니 이들을 방어적이라고 비판해봤자 소용이 없다. 당사자는 아무것도 감춘 게 없는데 소지품 검사를 당하는 기분이 들 뿐이다.

——— 친해지고 싶으면서도
친해지는 것을 두려워한다

회피형은 친밀한 관계가 형성되어 상대방에게 진심으로 애착을 느끼는 상황을 두려워한다. 그렇게 되면 상대방의 영향을 받기 때문이다. 상대방을 잃을 것을 두려워하고, 정말로 잃게 되면 상처를 받게 된다. 이건 반드시 피해야 하는 최악의 사태다.

그러니 이런 비극을 피하려면 상대방을 진심으로 믿거나 소중하게 생각하지 말아야 한다. 그래서 상대방의 결점을 찾아내 거리를 두거나 얕보는 태도를 취한다. 또한 어느 누구의 도움도 필요 없다는 식으로 행동한다. 너 따위는 내 곁에 없어도 상관없다는 식의 오만하고 무관심한 태도, 다가가기 어려운 태도를 취한다. 그러니 안전기지가 되어주고자 하는 사람 입장에서는 상대방이 자신을 불필요한 존재로 보는 것 같아 마음의 거리를 어느 정도로 둬야 할지 당황스럽다.

그런데 상대방에게 영향을 받거나 의존하기를 두려워한다는 말은, 바꾸어 말하면 마음 한구석에 그런 바람이 있다는 뜻이기도 하다. 만약 상대방을 원하는 마음이 전혀 없다면 굳이 거리를 두거나 얕보는 태도로 상대방의 접근을 피할 필요가 없기 때문이다. 일부러 단단한 갑옷으로 무장한다는 것은 상대방의 접근을 두려워하는 한편, 다가오기를 원한다는 뜻이기도 하다. 이런 성향은 두려움–회피형에서 특히 많이 볼 수 있다.

—— 본인만의 세계를 존중해준다

회피형의 응석은 상대방을 물건처럼 소유하고 지배하고 싶어 하는 방식으로 나타난다. 지시를 내려 자기 생각대로 따르게 하거나 자기 입맛대로 상대방을 움직이는 것이 이들이 응석을 부리는 방식이다.

그래서 회피형과는 친해질수록 거북함을 느끼게 된다. 이들은 자기 방식이나 관심사를 기준으로 결정하고 즐기기 때문이다. 함께 결정하려 하면 상대방에게도 자기 기준을 대입해버리기 때문에 도와주려고 접근하는데도 불편함이 느껴진다. 따라서 그들의 방식이나 관심을 공유하지 못하면 친해지기 어렵다는 점을 각오하고, 그들의 방식대로 따라야 한다. 그래야 그들의 내면에 다가갈 수 있고, 대화 상대로 받아들여질 수 있다. 우수한 상담사는 기꺼이 이런 역할을 자처해서 그들의 세계를 공유하려 한다.

회피형은 매우 좁은 세계에서 살아가는 경우가 많다. 관심 범위도 좁다. 돈벌이나 일에만 관심을 두는 사람도 있고 취미나 판타지에만 관심을 보이는 사람도 있다. 이런 특징을 이해하지 못하면 그들과 어울릴 수 없다. 그들에게 다가가려면 그들이 관심을 기울이는 분야를 물어보는 것도 방법이다.

회피형이 보이는 대인관계의 특징 중 하나는 상대방을 '이용 가능한가'로 바라본다는 것이다. 이용할 가능성이 있다면 상대방에게 관심을 기울이지만 그렇지 않으면 즉시 관심을 꺼버린다. 연인이나 배우자 관계에서도 그런 경향을 보이기 십상이다. 섹스를 하고 싶거나 맛있는 음식을 먹고 싶을 때, 일 문제로 도움을 받아야 할 때는 누군가를 기억하고 연락을 취하지만 볼일이 끝나면 잊어버린다.

이런 특성은 자신을 지원해주고 도와주려는 사람을 대할 때도 나타난다. 나에게 어떤 이익을 줄 수 있는가 하는 관점으로 상대를 평가하는 것이다. 절박할 때는 매달리고 목적을 위해 이용하지만 이득이 없다고 판단하면 즉시 초조감과 분노를 드러내면서 연락을 깨끗이 끊어버린다. 다시 말해 상대방을 물건처럼 이용한다. 생각한 대로 이용할 수 있으면 만족하지만 그렇지 않으면 화를 내고 상대방이 '도움이 안 된다'고 느낀다. 상대방이 어떤 형편과 사정 때문에 자신의 요구에 응하지 못했는지는 전혀 고려하지 않는다.

따라서 회피형에게 안전기지가 되려면 그 사람의 규칙을 존중해 주는 수밖에 없다. 규칙을 어기면 타협이 어려워지기 때문에 결국 어느 한쪽이 물러나는 수밖에 없다.

──── 단순하고 분명하게 의사를 표현한다

회피형은 감정 표현이나 세심한 배려에 서툴다. 상대방에게도 바라지 않는다. 사교적인 말을 장황하게 늘어놓는 것은 아무 의미가 없고 오히려 이상하다고 생각한다. 그런 만큼 직설적인 표현으로 전하고 싶은 말을 명확히 전해야 마음을 움직일 수 있다. 정서적이고 애매한 표현보다 단순하고 이해하기 쉬운 표현을 사용해야 한다.

대표적인 것이 인사나 예의다. 남들은 형식적이라고 생각하는 인사나 예의가 그들에게는 매우 중요하다. 인사를 애매하게 하거나 게을리하면 관계가 나빠진다.

말도 분명해야 한다. 또렷한 목소리로 이해하기 쉽게 호감을 표현해야 한다. 태도에서도 상대방에 대한 호감과 성실함을 드러내는 한편, 자신감 있는 자세를 유지하면서 상대방을 존중하는 자세를 보여야 한다.

너무 굽실거리거나 비굴한 태도는 바람직하지 않다. 회피형은 끊임없이 상대방을 평가하면서 자신에게 도움이 되는지, 능력이 있는지 점수를 매기기 때문이다. 그런데 자신을 낮추는 태도를 취하면 무능한 사람이라고 판단해 탈락시켜버린다.

회피형의 문제를 개선하기 위해 대화할 때는 당당하게 문제를 지적하는 태도가 매우 중요하다. 회피형은 따뜻한 공감에는 별 관심이 없고, 문제를 해결하는 쪽에만 관심을 기울이기 때문에 어정쩡한 조언은 받아들이지 않는다.

── 공감과 위로보다
직언과 문제 해결을 원한다

회피형은 마음을 표현하는 데 서툴 뿐 아니라 상대방이 마음을 표현하는 것도 귀찮아한다. 자신에게 공감이나 동정을 표현하는 것은 아무 도움이 안 된다고 생각하기 때문이다. 물론, 회피형 중에도 자기 이야기를 들어주고 공감해주면 기분 좋게 받아들이는 사람들이 있다. 하지만 그와 동시에 '저 사람이 내 이야기를 그렇게까지 들어주는 이유는 그게 그 사람의 일이기 때문이야', '가식적인 동정에 불과해', '어차 피 헤어지면 내 문제는 잊어버릴 거야'라고 생각하기 때문에 마음을 열 었다고 보기는 어렵다. 자신에게 보여주는 공감은 가식일 뿐이며, 그런 동정은 받아봤자 아무 의미가 없다고 생각한다. 회피형은 그보다 실질 적인 도움을 원한다.

회피형에게 공감을 토대로 하는 상담이 효과를 내기 어려운 이 유는 공감에 가치를 두지 않는 인지적 특성 때문이다. 그들은 공감을 받아 기분이 좋아진 경험이 거의 없고, 오히려 그런 기회를 차단하는 식으로 자기를 지켜왔기 때문에 갑자기 누군가 공감하면 오히려 불편 해한다. 이야기를 진지하게 들어주고 "큰일이네요"라고 맞장구를 쳐주 어도 "그게 전부야"라는 식으로 선을 긋는다.

그들은 공허한 공감보다 현실적인 문제 해결을 원한다. 해결책 을 제시하지 못할 거라면 아무리 마음을 담아 이야기해주어도 쓸데없 는 간섭으로 여긴다.

그렇다면 회피형에게 통하는 접근법은 무엇일까? 회피형은 공 감을 받는 데는 별 반응을 보이지 않지만 자신이 관심을 기울이는 분 야를 이야기하는 것은 좋아한다. 즉 공감받는 것은 귀찮아하지만 화제 나 관심을 공유하면 저항 없이 받아들인다. 따라서 회피형이 관심을 기 울이는 분야에 함께 관심을 가지고 '동호인'으로서 대화를 나누는 방법이 바람직하고 효과적이다.

당사자가 그 분야를 더 잘 아는 경우 조언을 청하고 이런저런 대화를 나누며 소통하는 것도 좋은 방법이다. 같은 관심사를 가진 사람으로서 편하게 대화를 나누는 상황을 만드는 것이 최우선 목표다. 현실적인 문제는 꺼내지 말고 상대를 철저히 '같은 관심사를 가진 사람'으로 대하는 것이 바람직하다.

회피형은 자신이 이야기하고 싶지 않은 주제는 꺼내지 않고, 관심을 보이는 분야에 대해 대화할 수 있는 사람에게 안도감을 느낀다. 그렇게 되면 편한 마음으로 만나 대화를 나누면서 활기를 얻는다. 본인이 좋아하는 이야기를 하면 의욕이 생기기 때문이다. 이런 식으로 점차 회피형의 안전기지 역할을 할 수 있다.

여기까지 왔다면 다음 단계로 넘어가 지도자나 조언자가 될 수 있다. 단, 회피형의 모든 일상을 지도하려 해서는 안 된다. 상대방이 원하는 부분만 조심스럽게 다가가 "그건 이렇게 해야 하지 않을까?", "이렇게 하는 건 어때?"라는 식으로 이끌어야 한다.

회피형은 공감과 위로를 받는 것보다 현실적인 이익을 기준으로 사람과 사물의 가치를 판단하기 때문에 대화를 할 때도 '도움이 된다', '유용하다'는 표현에 무게를 둔다. "이 사람이 하는 말은 확실히 도움이 돼. 이 사람 말이 맞아"라고 여기는 단계에 이르면 신뢰감이 부쩍 상승

한다. 위로나 격려보다 실제로 유용한 지식과 정보, 요령, 경험을 전수받는 쪽이 도움이 된다고 생각한다.

따라서 공감을 지향하는 상담보다 인지행동요법이나 실제 훈련을 할 때 도움을 받았다는 느낌을 받기 쉽다. 대화보다 작업에 주력하는 것도 좋은 방법이다. 회피형은 대화보다 뭔가에 도전하는 데서 확실한 의욕을 느끼기 때문이다.

따라서 상담을 작업으로 바꿔 감정이나 기분을 말로 표현하는 불편한 상황을 생략하거나 이를 편하게 받아들일 수 있게 해주어야 한다. 예를 들어 회피형 아이가 학교에 가지 않으려 할 때, "왜 학교에 가기 싫어?"라고 물으며 학교에 가야 하는 이유를 아무리 설명해도 별 도움이 안 된다. 오히려 학교에 보내는 대신, 하고 싶은 활동을 하게 만들어 재미를 느끼면 아이는 훨씬 빨리 활기를 되찾는다.

회피형은 문제에 맞서기를 싫어하기 때문에 귀찮은 일은 가능하면 피하려 한다. 그렇다고 해결하고자 하는 마음이 전혀 없는 것은 아니다. 때가 되면 이렇게 피하기만 해서는 안 되겠다고 생각한다. 현실에 맞서야 한다는 사실을 본인도 마음속으로 느끼고 있다. 다만 불안감과 공포에 짓눌려 자신의 의지로는 해낼 수 없기 때문에 과제를 계속 외면한다. 과제에 정면으로 맞서는 것을 '직면화'라고 하는데, 상담처럼 사람의 마음을 움직이는 데 중요한 계기로 작용하는 개념이 공감과 직면

화다.

공감은 힘들어하는 상대방의 고통을 받아들이게 해준다. 재기할 힘이 있는 사람은 공감하고 받아들여주는 것만으로 활기를 되찾고 일어서는 경우가 적지 않다. 하지만 회피형처럼 문제를 피하는 사람은 공감을 해주어도 현실에만 매달리느라 결과적으로 아무것도 바뀌지 않는 경우가 있다. 이럴 때 직면화가 필요하다. 과제를 지적해주고 맞닥뜨리게 하는 것이다. 사실 회피형도 문제를 해결하기를 바라는 마음이 들면 자신을 도와줄 사람을 원한다. 혼자서는 맞설 용기가 없기 때문에 선뜻 시도하지 못하는 것이다.

가수 존 레논을 예로 들어보자. 그는 결혼 후 아이가 생기자 행복을 느꼈지만 사실 결혼 생활에 권태를 느껴 아무 자극도 받지 못했다. 지금과는 다른 인생을 원했지만 마음이 따뜻한 레논에게 처자식을 버리는 일은 상상할 수도 없었다. 그때 오노 요코가 나타났다. 그녀는 평온한 인생에 느닷없이 들어와 레논에게 잠재되어 있던 '해방 욕구'를 충족할 수 있는 힘을 주었다.

레논이 요코를 특별하게 여긴 이유는, 요코가 혼자 힘으로는 도저히 해낼 수 없었던 해방감을 안겨주었기 때문이다. 레논은 문제에 정면으로 맞서지 않고 피하고 있었지만 요코는 강한 애정으로 레논을 이끌어 그동안 얽매여 있던 결혼이라는 관습에서 벗어나게 했을 뿐 아니라 보다 높은 이상을 추구할 수 있도록 날개를 달아주었다.

이처럼, 처음에는 흥미 있는 주제에만 관심을 보이던 회피형도 시간이 흐르면서 점차 그것만으로는 부족하다는 사실을 깨닫는다. 마음속으로는 자신이 현재의 문제에 직면할 수 있도록 격려해줄 사람을 바란다. 자신이 진취적으로 나아갈 수 있도록 힘을 줄 사람을 원하게 되는 것이다.

누군가의 도움을 원할 때 함께 문제에 맞서줄 대상을 원하는 단계까지 단번에 도약하는 경우도 있다. 스스로 상담을 하러 왔다면 이 단계에 도달해 있기 때문에 직면화 작업을 바로 시작해도 된다. 이때 다른 얘기로 시간을 낭비하면 오히려 실망할 것이다.

―― 먼저 과거를 이야기한다면
마음이 열렸다는 신호다

회피형은 자기감정을 좀처럼 드러내지 않는다. 과거 경험이나 추억도 떠올리고 싶어 하지 않는 이들이 많다. 자기개시도 피한다. 줄곧 감정과 기분을 억제하며 살아온 탓에 과거 경험이나 추억을 이야기하고 싶어도 희미한 기억만 남아 있는 경우가 많다. 죄다 기분 나쁜 기억뿐이라 과거를 떠올리는 것도 고통스러워 아예 봉인하는 경우도 있다. 이 경우 "별로 기억이 안 난다" 정도로 반응할 뿐, 기분 나쁜 경험을 했다는 인식조차 못한다. 기억하려 해도 단편적인 기억만 띄엄띄엄 떠오르기 때문이다.

하지만 대화를 나누는 동안 점차 기억이 되살아나 그동안 묻어두었던 과거와 마주하기 시작한다. 지금까지 잊고 있던 감정이나 기분도 되살아난다. 줄곧 억제해온 슬픔, 외로움, 상처받은 기억이 생생히 되살아나 자기도 모르게 눈물을 흘리기도 한다.

내면의 문제와 당당히 맞서려면 과거 경험을 이야기하는 과정은 매우 중요하다. 회피형은 아무리 열심히 공감해주어도 좀처럼 마음이 움직이지 않는 경우가 많지만, 회피형이 어린 시절 경험과 추억을 이야기할 때 있는 그대로 받아들이고 공감해주면 이를 계기로 강한 친밀감을 느낄 수도 있다.

애착은 정말 신기하다. 친밀감을 느낀 후에 자신의 이야기를 하는 경우도 있지만, 자신에 관해 이야기하는 동안 더 많은 친밀감이 솟아나는 경우도 있다. 일단 친밀감이 쌓이면 더 많은 이야기를 하고 싶어 한다. 자기 이야기를 하다 보면 본인도 몰랐던 새로운 모습을 발견하게 되고, 새롭게 발견한 자신을 받아들이면서 지금까지 경험한 적 없는 편안함을 얻을 수 있다.

회피형처럼 친밀감을 느끼기 어려운 유형도 조심스럽게 이런 과정을 반복하면 마음의 벽이 조금씩 부서질 수 있다. 비행 청소년 중에 회피형이나 미해결/무질서형이 많은데 이런 아이들조차 자신의 속내를 진지하게 들어주고 받아들이는 사람에게는 조금씩 마음을 연다. 단,

상당히 긴 시간 우여곡절을 겪어야 한다.

회피형의 안전기지가 되어주는 기본 자세는 좀처럼 마음을 열어주지 않아도 서두르지 말고 기다려주는 것이다. 그러다 보면 적당한 시기에 마음의 장벽이 허물어지는 계기가 생겨 돌파구가 열리는 경우도 있다. 그중 하나는 안전기지가 되어주려는 사람이 본인은 어떤 사람인지 먼저 드러내는 것이다. 회피형 중에는 '속내를 보여주고 싶어도 상대방은 자기 얘기를 전혀 안 하잖아. 나만 속마음을 털어놓을 순 없어. 그랬다가 뒤통수를 맞을 수도 있잖아. 불공평해'라고 생각하며 자신의 비밀을 털어놓으면 약점을 잡힌다고 여기는 이들이 있다. 이럴 때 안전기지가 되어줄 사람이 먼저 자기개시를 하면 효과를 얻을 수 있다. 먼저 옷을 벗는 것과 비슷한데, 먼저 속마음을 털어놓음으로써 경계심이나 저항감을 누그러뜨리는 것이다.

강한 감정을 드러내는 것도 때로는 거리를 좁히는 데 도움이 된다. 이쪽은 필사적으로 노력하는데 왜 반응이 없냐고 진지하게 호소하면 한편으로는 당황하지만 동시에 상대방이 자신을 위해 이렇게 열성적으로 노력한다는 것을 알고 마음이 흔들리기 때문이다. 회피형의 애착은 '어차피 사람들은 나를 진심으로 대해주지 않는다', '기대해도 소용없다'는 상황에 적응하기 위해 몸에 밴 행동 양식이다. 그러니 상대방이 필사적으로 자신을 기다려준다는 사실을 알게 되면 용기가 생겨 마음을 열어보려 한다.

　또 한 가지 방법은 회피형이 뭔가 어려운 상황에 처하게 되었을 때 안전기지가 되어줄 사람이 과감하게 그의 편을 들어주거나 몸을 던져서라도 지켜주려는 태도를 보이는 것이다. 회피형이 병에 걸리거나 부상을 당하거나 소중한 사람을 잃거나 고립되었거나 사업에 실패하는 등, 자존심이 무너지거나 막다른 곳에 몰리는 사태를 겪으면 삶의 방식을 바꾸려 하는 경우가 있다. 이처럼 당사자가 힘든 상황에 놓였을 때 필사적으로 도움을 주는 것도 좋은 방법이다.

——— 어린아이 같은 행동을 받아준다

　회피형은 어린 시절 응석을 부리지 못했다. 응석을 부릴 상황이 아니었기 때문에 '응석을 부리는' 회로가 발달할 수도 없었다. 응석을 부리려면 상대방에게 마음을 열고 진심으로 다가가야 하는데 그런 경험을 하지 못했으니 당연히 힘들다. 성인이 되어서도 나약한 모습을 보이거나 자신을 드러내는 일에는 몹시 서투를 수밖에 없다.

　따라서 회피형이 달라지려면 응석을 부려보는 경험을 해보아야 한다. 만약 부모가 협조해준다면 자녀의 모든 것을 있는 그대로 받아들인다는 따뜻한 마음으로 다가가야 한다.

　안전기지가 되어줄 사람이 부모 대신 회피형의 내면에 있는 충족되지 못한 부분을 채워줘도 된다. 단, 회피형은 외로움을 드러내는 데 서투르고 어린 시절 기억이 별로 없는 경우가 많다. 또한 '응석을 부릴 수 없었다'는 사실을 털어놓는다고 해서 이제 와 응석을 부릴 수 있게 되는 것도 아니라고 생각할 가능성이 크다. 따라서 그쪽으로 대화를 유도해서는 안 된다. 오히려 상대의 관심사를 이야기하도록 이끌고 함께 맞장구치며 들어주는 태도가 중요하다.

자신의 관심사를 이야기하는 데 익숙해지면 점차 감정을 표현하게 되는데, 이때 표현하는 감정이 유아기 때 충족하지 못했던 진정한 바람이다. 예를 들면 주목받고 칭찬받고 싶다, 좋은 성과를 내고 싶다는 바람일 수도 있다. 이때 본인이 관심을 보이는 분야를 주목하면서 칭찬해주면 유아기 때의 바람이 충족된다. 이런 과정을 거치다 보면 조금씩 속내를 털어놓기 시작하면서 관심사 외의 문제나 감정도 스스로 이야기한다.

사례 9

▎과대망상에 빠져 있던 열아홉 살 청년 ▎

열아홉 살 청년이 어떻게 살아야 할지 막막하다며 상담을 하러 왔다. 중학생 때 은둔형 외톨이가 되어 지금까지 그 생활을 이어가고 있었다. 사람들 앞에 나서기가 고통스럽고, 쉽게 지치고 무기력해져 해가 중천

에 뜰 때까지 잠을 잤다. 방송통신고등학교를 다니고 있지만 졸업할 가
능성은 거의 없어 보였다.

아버지는 성공한 건축가여서 청년의 가족들은 호화로운 저택에
서 화려한 삶을 살았다. 청년은 중학생 때는 공부를 잘했기 때문에 집
안의 기대를 받으면서 자랐다. 하지만 어린 시절부터 독선적인 면이 있
었고 다른 사람들처럼 해야 한다는 요구에 반발을 느꼈다. 특히 성적
중심의 학교생활에 반감이 커서 교사에게 야단을 맞은 뒤 휴학을 했
고, 중학교는 졸업했지만 고등학교는 일반 고등학교가 아닌 방송통신
고등학교에 들어갈 수밖에 없었다. 그후에는 긴장이 완전히 풀린 채 생
활하고 있었다.

여러 상담 기관을 찾았지만 상태는 좀처럼 나아지지 않았다. 혹
시나 싶어 발달검사를 해보니 공부보다 예능에 소질이 있고, 일상생활
능력은 평균 수준이지만 작업 속도가 느리고 기억력이 떨어지는 등 발
달에 편중이 있었다. 부모에게 결과를 알려주며 상당히 힘들게 노력해
서 명문 중학교에 들어갔을 거라고 설명하자 부모도 그동안 아들에게
무리한 기대를 걸었다는 사실을 깨달았다.

부모와 아들은 각각 상담을 받기로 했다. 부모는 아들의 안전기
지가 되어주기 위해 필요한 대응법을 배우는 한편 자신들의 문제도 돌
아보기로 했다. 어머니는 아버지의 직업을 물려받지 못했다는 콤플렉

스 때문에 일종의 보상 심리로 남편과 결혼했다. 그런 만큼 아들은 자신과 같은 전철을 밟게 하지 않으려고 지나치게 강압적으로 키워왔다. 상담을 통해 어머니가 그 압박에서 벗어나자 아들은 조금씩 여유를 되찾았다.

아들은 상담 초기에는 유아기적인 과대망상에 빠져 있었다. 몇 달 동안 자신의 원대한 꿈을 아무렇지 않게 이야기했다. 하지만 내가 자신의 말에 계속 귀를 기울이고 맞장구를 쳐주자 초기에는 망상수준이던 꿈이 점차 현실적으로 바뀌어 구체적인 계획도 보여주었다. 그래도 마음속에는 여전히 권위에 대한 반발이 남아 있었고 특히 대학 진학에 강한 거부감을 드러냈다. 어린 시절부터 일류 대학 진학을 가장 큰 목표로 삼고 자라다 보니 본인 나름대로 저항하는 셈이었다.

아들은 결국 자신의 수준에 맞는 대학을 골라 입학 시험을 치르기로 했다. 대학 진학을 완강하게 거부했지만 더 이상 이상만 추구하지 않고 현실적으로 타협해 일상생활을 할 수 있을 정도까지 개선된 결과였다. 그후 다른 사람들처럼 평범한 대학 생활을 즐기면서 자신이 세운 목표를 향해 한 걸음씩 나아갈 수 있었다.

회피형은 자기애에도 문제가 있는 경우가 많다. 어린 시절부터 지나치게 기대를 받으며 자란 데다 자신은 너무 초라하다고 생각해 자존심에 상처를 받다 보니 자기애가 균형을 잡지 못한 것이다. 아들은 이에 대한 보상으로 지나친 이상을 좇으며 현실을 외면한 채 은둔생활을 했다. 다행히 부모가 기대를 낮추고 아들의 부담감을 덜어주자 상황이 개선되었다. 늘 긴장감이 흐르던 관계는 편안한 관계로 바뀌었고 부모도 안전기지 역할을 할 수 있었다.

시간이 지나자 아들은 무사히 회복되었다. 담당 의료진과 상담사는 아들의 유치한 자기애를 비판하지 않고 있는 그대로 들어주면서, 자신을 과시하고 싶은 욕구를 지속적으로 충족시켜주었다. 덕분에 아들은 상담을 받으러 올 때마다 좋아질 수 있었고 마침내 현실과 타협할만큼 균형을 회복했으며 새로운 정체성을 갖게 되었다.

▌미해결형 애착 이해하기 ▌

미해결형 애착이란 애착할 대상에게 커다란 상처를 받고 이를 치유하지 못해 이후 대인관계에서도 어려움을 겪는 유형이다. 일반적으로 어느 정도 성장한 후에 상처받는 일을 겪기 때문에 본인도 충분히 기억할 수 있는데 부모의 사망, 이혼, 학대, 질병, 경제적 어려움으로 인한 부모의 부재, 무관심 등이 대표적이다. 다른 문제는 아무렇지 않게 이야기하다가도 상처받은 경험을 건드리면 갑자기 펑펑 울거나 혼란스러워하거나 분노하는 모습을 보인다. 이런 문제는 아무리 노력해도 본인의 의지만으로 차분하게 이야기할 수 없다.

반대로, 지나치게 냉정하거나 아무 감정 없이 건조하게 이야기하는 경우도 있다. 미해결형에게는 해리성 장애나 의존증이 나타나기 쉬운데, 상처로부터 자신을 지키기 위해 불쾌한 현실이나 기억을 의식에서 지워버리기 때문이다. 미해결형은 과거 인격을 위협받았던 경험이 많은데, 사람들이 불쾌한 현실을 잊기 위해 음주, 폭식, 도박, 게임, 쇼핑, 섹스 등에 집착할 때 이들은 그 기억을 아예 지워버리는 식으로 자신을 보호한다.

—— '조금만 더'를 반복하느라
자신을 돌보지 못한다

미해결형은 엔진에 결함이 있는 비행기와 비슷하다. 여분의 엔진을 사용하기 때문에 언뜻 보면 아무 문제 없이 비행하고 있는 듯하지만 사실은 여력이 없다. 부하가 걸려 더 빨리 날아야 하는 상황이 생기면 감춰두었던 나약함이 솟아나 갑자기 출력이 떨어지면서 비행이 불안정해진다. 당황한 나머지 엔진을 완전히 가동하려 하면 오히려 화재가 날 위험이 있다. 이들에게는 너무 깊은 상처가 깔려 있기 때문에 보통 사람이라면 평범하게 대응할 수 있는 일에서도 자신을 제어하지 못하거나 폭발할 수 있다.

미해결형이 애착을 안정시키려면 돌아보는 능력이나 상대방을 배려하는 능력을 키워야 하지만 이들은 당장 눈앞의 문제만 생각할 수 있기 때문에 순간적인 판단이나 충동적인 행동을 하기 쉽다. 그래서 관계가 악화되고 주변에서 도와주기도 어려워진다. 또, 도움을 주고자 하는 사람을 오히려 공격하거나 거부하는 경우도 있기 때문에 그런 반응에 휘둘리지 않는 숙련된 전문가의 도움이 필요하다.

미해결형은 두 가지로 구분할 수 있다. 첫째는 미해결-집착형이다. 이 유형은 해결하지 못한 마음의 상처가 강하게 얽혀 있어서 대인관계에서 쉽게 상처받고 과잉반응하기 쉽다. 그러면서도 고독을 견디지 못해 늘 의존할 사람을 찾으며, 의존 대상이 생기면 항상 매달린다. 그러다가 자기 뜻대로 되지 않으면 의존하는 대상을 공격한다. 부모와의 관계 또한 불안정한데, 겉으로는 좋은 관계를 연기하지만 부모를 만날 때마다 자신이 사랑받지 못하고 있다며 낙담한다.

둘째는 미해결-회피형이다. 이 유형은 해결하지 못한 마음의 상처 때문에 사람들과 거리를 두며 균형을 유지하려고 한다. 누구에게도 마음을 허락하지 않고 응석을 부리지 않는다는 건 두려움-회피형과 비슷하지만, 이와 다른 점은 그러면서도 다른 사람들의 반응에 신경 쓴다는 것이다. 어떤 면에서는 다른 사람의 표정에 지나치게 신경을 쓰기도 한다.

누군가에게 마음을 줬다가 또 미움받지 않을까 하는 불안과 공포 때문에 친밀한 관계를 맺을 수 없다. 원래 회피형이 아니었던 사람이 애착에 상처를 입고 이렇게 되는 경우도 있다. 대신 이들은 상대방이 자신을 받아들인다고 확신하면 마음을 열고 친밀한 관계를 맺는다.

• 미해결-집착형

사소한 문제로도 기분이나 태도가 달라지는 정서불안과 자기파괴적 행동이 함께 나타난다. 이런 특성이 강해져서 생활이 불가능해질 정도라면 경계성 인격장애를 의심할 수 있다.

• 미해결-회피형

이 유형의 특징은 은둔형 외톨이가 많다는 점이다. 이들 중에는 어린 시절 부모에게 커다란 상처를 받거나 폭력을 당한 경우가 많다. 지나치게 지시를 받다 보니 하고 싶은 일 대신 하기 싫은 일을 해야 하는 상황에서 지낸 경우도 많다. 또한 집단 괴롭힘을 당해 타인과 교제할 때 안도감을 느끼지 못하고 자신만의 세계에 갇히는 방식으로 스스로를 지키려 한다.

부모의 다툼이나 이혼, 질병이나 죽음으로 심각한 충격이나 불안에 시달리다 헤어나지 못하는 경우도 있다. 문제에 당당하게 맞설 수 없으니 상처를 덮어두고 겉으로는 아무 일 없는 척하지만, 매사에 무기력하고 소극적인 태도를 보이게 된다.

이처럼 미해결형은 마음속에 상처가 가득하다. 이미 지난 일이라고 훌훌 터는 게 아니라 지금도 트라우마에 시달리는 것이다. 부부나 부모 자녀 관계에 문제가 있을 때 이런 상처가 재발하기 쉬운데, 애착을 안정시켜 다시 앞으로 나아가려면 과거의 상처를 잘 치료해야 할 뿐 아니라 지금의 애착 관계를 바람직한 방향으로 개선해야 한다.

사례 10
▍어머니의 우울증 때문에 어른아이가 된 고등학생▍

고등학교 2학년 남학생이 어머니와 함께 상담을 받으러 왔다. 이 학생은 등교를 거부하고 방 밖으로도 나오지 않는 은둔 생활을 하고 있었다. 어머니는 아들이 중학생 때 집단 괴롭힘을 당해 학교에 가지 않은 적이 있기 때문에 이번에도 학교에서 무슨 일이 있었을 거라고 의심했다. 한편으로는 최근 급증하는 발달장애가 의심스러워 검사를 받고 싶다고도 했다. 발달장애 검사 결과 가벼운 편중이 보이긴 했다.

하지만 에고그램(egogram) 검사에서 AC(Adapted Child: 순종적 자아) 지수가 매우 높다는 점에 신경이 쓰였다. AC란 '부모의 표정을 살피며 기분을 맞추는 아이'라는 뜻으로, 부모에게 지배당하면서 자란 이른바 어른아이(adult children)들의 대표적 증상이다.

남학생은 어느 정도 활기를 되찾자 직접 어머니 이야기를 꺼냈다. 어머니는 아들이 4학년 무렵부터 갑자기 불안을 느끼며 우울하다거나 죽고 싶다는 말을 자주 했다. 아들이 중학교에 입학한 이후부터 증상이 더욱 심해졌고 최근에도 종종 그런 행동을 보였다. 그는 어머니가 걱정스러워 학교에 있어도 마음이 편하지 않았고 어머니에게 무슨 일이 생긴 것은 아닐까 싶어서 초조했다. 학교생활에 흥미를 잃던 차에 어머니의 불안한 모습까지 보게 되자 자신도 모르게 현실을 외면하고 싶었던 것이다. 이 학생은 어머니의 증상이 개선되자 빠른 속도로 안정되었다.

7장

상처받은
애착에서
벗어나기

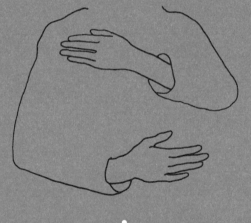

죽일 듯이 미워한다는 것은 그만큼 깊이 사랑했다는 증거이다.
결국 불안정한 애착에서 벗어나는 일은
나 자신과, 내가 사랑하는 이의 삶을 더욱 행복하게 만들어가는 일이다.

사람은 누구나 과거의 영향을 받으며 살아간다. 특히 어린 시절 부모에게 받았던 사랑과 안정감은 매우 강력하게 한 사람의 인생을 좌우한다.

사람은 누구나 강한 회복력과 성장 가능성을 가지고 있다. 저마다 안고 있는 문제에서 벗어나 자신의 가능성을 넓히고자 노력하는 과정 자체가 삶의 의미이자 보람이다. 그렇다면 어떻게 해야 발목을 잡는 문제에서 벗어나 더 넓은 세상으로 나아갈 수 있을까? 이것은 바로 애착장애에서 벗어나기 위해 필요한 질문이기도 하다.

▐ 사람은 누구나 달라질 수 있다 ▐

애착 기반 접근법이란 본인의 안전기지를 강화해 회복 능력을 키워주는 방법이다. 삶의 의미를 잃고 무기력하게 살던 사람도, 매사에 자신감을 잃고 도전을 피하던 사람도, 문제의 책임을 주변 사람들에게 떠넘기며 자신을 방어해온 사람도 애착이 안정되면 자신의 문제에 집중하고 나름의 해결책을 찾기 시작한다. 그리고 이 해결책을 바탕으로 열심히 살기 위해 노력한다.

이렇게 안정을 되찾으면 그후에는 자신을 믿고, 본인이 가고자 하는 길을 걸으면 된다. 이때 안전기지 역할을 하는 사람은 당사자가 자발적으로 전문가를 찾고자 한다면 도움을 주어야 하지만, 본인의 능력으로 헤쳐 나가는 동안에는 단지 조용히 지켜보면서 응원하면 된다. 미래는 스스로 만들어가는 것이고 개인의 적극적인 도전과 노력이 뒤따를 때만 새 길을 개척할 수 있기 때문이다. 물론, 어려운 일이 생기거나 헤맬 때는 조언할 수 있지만, 마지막 결단은 어디까지나 본인 스스로 내리도록 격려해야 한다. 안전기지는 그의 고민이나 망설임을 들어주고 지켜볼 뿐이다.

마지막 장에서는 상처받은 애착을 스스로 치유하고자 할 때 무엇을 지향해야 하는지, 이를 위해 어떤 과제를 극복해야 하는지 소개하고 실제로 도움이 되는 구체적 방안도 함께 생각해보고자 한다.

▎ 나의 안전기지는 정말 안전한가 ▎

애착이 안정되어 있는가? 이 질문에 답하려면 먼저 안전기지가 되어야 할 사람이 얼마나 제 역할을 잘하고 있는지 파악해야 한다. 애착장애는 부모로부터 충분히 사랑받지 못해 상처받은 애착을 오랫동안 방치해서 생긴 결과다. 이를 인정하고 자녀의 애착을 회복시키기 위해 노력하는 부모도 있지만 자녀의 인생에 별 관심이 없는 부모도 있다.

이들은 자녀를 오히려 귀찮게 하는 결과를 낳는다. 이런저런 시도를 해보려고 하다가도 어느 순간 본성이 튀어나와 환경을 탓하거나 상대를 거부하는 경우도 적지 않다. 자녀가 아직 어리면 덜하겠지만 성장한 후에는 부모 생각만 앞세우거나 "적당히 좀 해!"라며 부정적으로 대응한다. 다 큰 자녀를 다시 어린아이처럼 돌보는 일은 갓난아기를 키우는 것보다 훨씬 힘들기 때문이다.

그래서 나이를 먹을수록 애착을 안정시키기 힘들다. 부모가 극도로 불안정하거나 공감 능력이 부족하거나 애정이 없을 때는 그런 노력이 오히려 자녀를 더 불안하게 만든다. 따라서 무리하게 관계를 회복하려고 안달하느니 서로 거리를 두는 쪽이 훨씬 더 나은 경우도 있다.

물론 이럴 때는 안전기지 역할을 할 제삼자가 중재를 해야 한다. 부모라는 본래의 안전기지를 대신하는 존재로서, 힘들 때 기댈 수 있는 피신처를 제공해 당사자가 안심하고 자기 문제에 스스로 맞서도록 돕는 것이다.

　친구나 연인, 선배나 상사, 지인이 안전기지가 되어 고민을 들어주고 상담하면서 회복과 안정을 도울 수도 있다. 대신 주의할 점이 있다. 처음에는 부모 같은 마음으로 도와주지만 어느 순간 부담을 느껴 태도가 돌변하거나 거부하는 일이 생길 수 있는데, 그러면 당사자는 더 깊은 상처를 받아 '역시 세상에 믿을 사람은 없다'는 인식을 더욱 굳히게 된다.

　만약 연인 사이라면 관계를 유지하는 동안에는 안정돼 있지만 그렇지 않을 때는 관심이 급속히 식어 어색한 사이가 될 수도 있다. 사실은 애착 문제가 전혀 해결되지 않았는데 단지 섹스를 하면서 일시적으로 충족된 것처럼 착각했을 뿐이라는 사실을 나중에 깨닫기도 한다. 카리스마가 강한 사람에게 압도될 때도 비슷한 경험을 할 수 있다. 그 사람을 안전기지로 착각해 의지하면서 현실의 고통을 잊으려 하지만, 의존하는 성향이 강해져 더 심각한 결과를 낳을 수 있다.

┃ 애착이 안정된 사람들의 특징 ┃

애착장애를 앓는 사람이 자기 문제에 적극적으로 맞서겠다고 결심했다면 힘들게 결정한 기회를 놓치지 않기 위해서라도 신뢰할 수 있는 상담 전문가에게 도움을 받는 게 바람직하다. 비용이 조금 들어도 장기적으로 보면 위험이나 부작용을 확실히 차단할 수 있기 때문이다. 단, 전문가를 선택할 때 지나치게 카리스마가 강하거나 무조건 자신 있다고 주장하는 사람은 주의해야 한다.

상담사를 선택할 때 가장 중요한 점은 안정형 전문가에게 도움을 받아야 한다는 점이다. 애착이 매우 불안정했던 사람들이 이를 회복하고 상담사가 되는 경우가 많다. 문제는 모든 상담사가 과거의 상처를 잘 치유하고 안정형이 되지는 않았다는 것이다. 안정형 상담 전문가는 다음과 같은 특징을 지닌다.

- 대화를 나눌 때 마음이 편안하며 공포감이나 위압감이 들지 않는다.
- 온화한 느낌을 주며 기분과 태도가 항상 일정하다.
- 눈높이가 비슷하고, 무시하거나 지나치게 떠받드는 말과 행동을 하지 않는다.
- 따뜻하고 친절하지만 필요할 때는 솔직한 조언을 아끼지 않는다.
- 내담자의 의사와 기분을 존중해주며 일방적으로 단정하거나 강요하지 않는다.

이러한 특징은 누군가의 안전기지가 되기 위한 조건이기도 하다. 아무리 매력적이어도 이런 자질을 갖추지 못했다면 내면에 불안이 가득한 사람, 건강한 척 연기하는 병적인 자기애를 가진 사람인지도 모른다. 그렇다면 당연히 안정된 안전기지가 되어줄 수 없다. 불안정한 애착으로 고통받는 사람들을 도운 경험이 많을수록 좋은 안전기지, 좋은 상담사가 될 가능성이 높다.

▌ 사고방식을 바꾸면 애착이 달라진다 ▌

같은 사람도 애착이 안정되어 있을 때와 그렇지 않을 때 커다란 차이가 있다. 애착이 안정되어 있으면 불쾌한 일이 있어도 확대 해석하지 않고 오히려 좋은 면을 생각하려고 애쓴다. 상대방을 공격하거나 주변에 신세 한탄을 하는 게 아니라 이해하고 받아들이려고 한다. 애착이 불안정하던 사람이 안정을 되찾아도 매사를 나쁜 쪽으로만 바라보던 시각에서 벗어나 "그때는 나빴지만 지금 생각해보면 도움이 된 부분도 있어"라는 식으로 긍정적이 된다.

　같은 경험을 했어도 인지 방식이 바뀌면 가급적 긍정적으로 생각하게 된다. 애착의 안정 여부는 경험 자체보다 이를 받아들이는 자세에 좌우되기 때문이다. 똑같이 힘든 일을 겪어도 상처 때문에 사람을 불신하고 비관적인 생각에서 벗어나지 못하는 사람이 있고, 잠시 비관적인 생각을 하다가도 금세 마음을 바꾸어 희망과 신뢰를 되찾는 사람도 있다.

이러한 사실에서 '같은 일을 당해도 받아들이는 방식을 바꾸면 애착을 안정시킬 수 있다'는 결론을 풀어낼 수 있다. 즉 '인지를 바꿔' 애착을 안정시키는 것이다. 물론 대개는 애착이 먼저 안정된 다음에 인지가 바뀌는 사례가 압도적으로 많다. 애착을 안정시키자 도저히 용서할 수 없었던 사람이 조금씩 덜 미워지고, 매사를 받아들이는 방식도 달라지고, 결국 인간관계도 개선되는 것이 가장 자연스러운 흐름이다.

초기의 변화는 하루아침에 생긴다기보다 전문가와 몇 차례 만나면서 어느 정도 애착이 안정된 후에 일어나는 경우가 많다. 죽다 살아나는 극적인 사건을 겪거나 사랑하는 사람이 생사를 오가는 큰일에 직면했을 때 하루아침에 인지 방식이 바뀌는 경우도 있지만, 이런 극단적인 사례를 일반화할 수는 없다. 다만, 전화위복의 가능성이 있다는 사실만 알아두자.

애착이 충분히 안정되지 않은 단계에서 인지 방식을 바꾸려 하면 역효과가 생긴다. "그런 식으로 받아들이면 안 돼"라는 말을 듣고 자신이 부정당했다고 여겨 더 우울해지거나 '나한테 문제가 있구나'라고 생각해 대인관계에서 자신감을 잃고 도전 자체를 포기하는 사례를 쉽게 볼 수 있다. 따라서 인지 방식을 바꾸려고 노력하기보다 애착을 안정화하는 데 집중해야 사고의 균형을 잡는 데 도움이 된다.

┃ 내담자의 인지 방식을 바꾸려 했던 상담사 ┃

반 친구들에게 따돌림을 받아 학교에 가기 싫다는 여고생을 상담한 적이 있다. 이 학생을 담당한 교사는 학생이 매사를 지나치게 나쁜 쪽으로만 받아들이는 경향이 있다고 생각했다. 인지가 편중되어 있으니 별다른 악의 없이 건네는 자연스러운 말이나 행동도 자신에 대한 공격으로 받아들이는 것이다. 교사는 학생에게 적응력이 부족해 친구들 사이에서 고립되는 경우가 많다고 생각했다.

학교 상담사는 이 학생이 인지 방식을 교정하면 좀 더 편하게 학교에 다닐 수 있을 거라고 생각해 인지요법을 시도했다. 하지만 상담사가 "너는 모든 일을 너무 나쁘게만 받아들이는 것 같아. 좀 더 좋은 쪽으로 받아들일 수는 없을까?" 하자 학생은 "선생님은 왜 제 말을 안 믿으세요? 제가 모든 일을 지나치게 받아들인다고요?" 하며 반발했다. "그게 아니라 기분 나쁜 말을 들으면 괴롭잖아. 그러니까 상처를 덜 받는 쪽으로 받아들이면 좋겠다는 거야." 상담사의 설명에 학생은 겉으로는 알겠다는 표정으로 돌아갔지만 두 번 다시 상담사를 찾아가지 않았고 "상담 선생님은 내 마음을 전혀 이해하려 하지도 않고 나한테 책임이 있대"라며 억울함을 호소했다.

그후에 만난 다른 상담사는 학생을 이해하고 다가가는 데 주력했다. 동시에 학생이 어머니에게도 압박감을 느끼고 있다는 걸 알고 어머니도 상담을 받게 했다. 상담 덕분에 어머니가 엄격한 태도를 버리면서 딸과의 관계가 안정되자 학생은 예전처럼 학교생활을 즐기게 되었다.

이 사례에서 놀라웠던 점은 이 학생이 "내가 너무 예민해서 매사를 나쁘게만 받아들였는지도 몰라" 하며 자신을 돌아보게 되었다는 것이다. 인지치료를 전혀 하지 않았지만 애착이 안정되면서 피해의식이 사라지자 자신에게 부정적 성향이 강했음을 스스로 인정한 것이다.

이 사례에서 보듯 애착에 문제가 있으면 인지 방식보다 애착을 안정시키는 데 주력하는 쪽이 더 효과적이다. 먼저 안전기지가 되는 사람과의 애착을 안정시키고 인지 방식에도 변화를 주어 매사를 유연하게 받아들일 수 있게 하면 확실한 변화를 기대할 수 있다. 하지만 현재 상태를 무시한 채 무리하게 밀어붙여서는 안 된다. 다음 단계로 나아가도 좋다는 결정은 당사자 스스로 해야 한다.

▎애착이 안정되면 돌아보는 능력이 강해진다 ▎

애착이 안정된 사람은 자신에게 발생한 사태를 과대평가하지 않고, 있는 그대로 객관적으로 받아들이며 당당하게 맞선다. 그래서 사태에 냉정하게 대처할 수 있다. 하지만 애착이 불안정한 사람은 문제를 보고도 못 본 척 회피하거나, 반대로 과잉반응을 보여 오히려 상황을 악화시킨다. 전자는 전형적인 회피형, 후자는 불안형에 가깝다.

문제에 당당하게 맞설 줄 알되 현실을 객관적으로 받아들이고 과잉반응을 보이지 않는 자세는 자신을 돌아보는 능력에서 비롯된다. 돌아보는 능력이란 스스로 반성하는 능력이자 상대방의 마음을 짐작하고 이해하는 능력이다. 현재 상황에서 한 걸음 물러나 사태를 전체적으로 파악하는 능력이기도 하다.

이런 능력을 다른 말로 성찰 능력, 또는 멘탈라이징이라고도 한다. 멘탈라이징이란 상대방이 어떤 행동을 하는 이유를 '어떤 마음' 때문이라고 보고, 그 행동을 이해하고자 하는 기능이다.

예를 들어보자. 평소에는 메일을 보내면 즉시 답장을 해주던 사람이 답장이 없다. 생각해보니 마지막으로 받은 답장도 평소보다 짧고 성의가 없어 보인다. 이때 답장을 빨리 하지 않는다고 화가 나서 독촉 메일을 보내면 상황은 더욱 악화될 수 있다. 이 상황에서 '혹시 내 메일이 부담스러웠나?' 추측해보는 것이 멘탈라이징이다.

돌아보는 능력이 있는 사람은 상대방의 마음을 헤아릴 뿐 아니라 자신의 행동도 돌아볼 수 있다. 최근에 내가 메일을 너무 자주 보내서 부담을 줬나? 하고 자신의 행동을 돌아보면서 당분간 연락을 자제

한다. 상대방은 이런 태도를 보고 자신의 마음을 이해받았다고 생각해 원만한 관계를 계속 유지하고 싶어 한다. 관계가 파탄 날 때까지 스토커처럼 밀고 가는가, 아니면 균형 있는 관계를 유지하는가의 차이는 상대방의 신호를 읽고 속도를 조절할 수 있느냐에 달려 있다.

멘탈라이징이란 현재의 생각이나 욕구에 사로잡히지 않고 자신의 행동이나 상대의 마음을 객관적으로 바라보는 능력이기도 하다. 돌아볼 수 있으려면 감정의 소용돌이에서 벗어나 약간 거리를 둘 줄 알아야 한다. 동시에, 상대의 입장에서 생각할 수 있어야 한다. 전자는 자신의 내면을 관찰하는 능력, 후자는 공감하는 능력인데 이 두 능력은 짝을 이룬다. 자신을 돌아보는 능력이 있는 사람은 상대방의 마음을 살피는 능력도 뛰어나다. 그리고 매사를 객관적으로 볼 수 있다.

정신화라는 개념도 있다. 이 말은 능동적인 상호작용을 뜻한다. 실제로 누군가의 마음을 살피는 일은 두 사람의 관계를 통해서만 할 수 있기 때문에 아주 능동적인 상호작용이라 할 수 있다.

▌MBT로 과거, 현재, 미래를 연결하기 ▌

'돌아보는 능력이 뛰어난 사람은 애착이 안정돼 있군. 그럼 돌아보는 능력을 강화하면 애착을 안정시킬 수 있겠지?'라고 생각할 수 있다.

3장에서 언급했듯 실제로 포나기는 이 가설을 근거로 애착이 매우 불안정한 경계성 인격장애 환자들을 치료할 때 MBT를 적용했다. 그렇다면 일반적인 인지요법과 MBT는 어떻게 다를까?

일반적인 인지요법은 과거의 경험을 문제 삼지 않는다. 오직 현재의 행동이나 감정, 반응만 보고 숨어 있는 습관을 찾아내 이를 긍정적으로 변화시키고자 한다.

반면 MBT는 현재의 인지 방식이나 반응 방식에만 국한해서 평가하지 않는다. 왜 이러한 행동을 하고 이런 식으로 인지하는지 과거 경험을 바탕으로 이해하고, 어떤 상황을 재현하려 하는지 깨닫게 함으로써 얽매여 있던 과거로부터 벗어나게 한다. 또한 본인뿐 아니라 상대방의 관점으로도 사건을 바라보게 하는 등 상호작용을 중요하게 여긴다.

예를 들어보자. 어떤 사람이 다른 사람의 표정에만 신경을 쓰고 비위를 맞추려 한다. 인지요법은 '이 사람은 타인에게 의지해야 살 수 있다는 확신을 가지고 있기 때문에, 뭐든 다른 사람에게 맞추는 식으로 살아남으려고 이런 행동을 하는 것'이라고 설명한다. 하지만 이런 설명을 들으면 자신의 행동은 이해할 수 있어도 행동 자체를 바꾸기는 어렵다. 반면 MBT는 이 사람이 어린 시절 부모에게 지배당하고 늘 부모의 표정을 살피며 비위를 맞춰야 했던 과거 기억을 떠올리게 한다. 그 경험을 염두에 두고 자신의 행동을 돌아보면 자신이 지금 과거의 행동을 되풀이하고 있다는 사실을 분명히 이해할 수 있다.

이처럼 현재의 행동이나 인지 방식의 원인을 근본적으로 포착하면 보다 깊은 깨달음을 얻게 되어 과거로부터 한결 쉽게 벗어날 수 있다. 실제로, 까맣게 잊고 지냈던 과거의 상처를 떠올리고 깜짝 놀라 눈물을 흘리는 사람도 많다. 누구나 상처받았던 과거 때문에 현재 이런 행동을 하는 것이라고 이해하면 마음이 움직여 행동이나 인지 방식을 교정할 수 있다. 나아가 상담을 거듭하면서 자신과 다른 사람들의 수용 방식이 어떻게 다른지 이해하고 이를 교정하려고 노력하는 가운데 변화를 끌어낼 수 있다. 이처럼 멘탈라이징과 인지 방식, 행동 교정을 함께 지원해야 변화시키기 쉽다.

애착 문제 뒤에는 분명 오랜 세월 누적된 상처가 있다. 이 상처와 애착은 밀접한 연관이 있기 때문에 MBT가 일반적인 인지요법보다 훨씬 더 효과를 발휘하는 것이다.

▌ 멘탈라이징으로 악순환의 고리를 끊는다 ▌

한 여성이 찾아와 남편이 둔하고 배려가 부족해서 화가 난다고 털어놓았다. 아내는 자신이 늘 초조한 원인이 남편에게 있다고 생각해 남편을 원망했고, 날이 갈수록 부부관계는 악화되었다. 그런데 아내는 어린 시절을 돌아보던 중 자신이 늘 애정에 굶주렸고, 어른들의 관심을 받기 위해 간질 발작을 자주 일으켰다는 기억을 떠올렸다. 동시에 어린 시절, 남동생만 사랑하는 어머니에게 분노를 느껴 어머니를 원망하고 난처하게 만들었던 일이, 지금 남편을 배려 없는 사람이라고 원망하는 것과 다르지 않다는 사실도 깨달았다. 어린 시절 해소하지 못한 분노가 지금도 가슴속에 남아 있어 자신에게 무심했던 어머니의 모습을 남편에게서 발견하고 과거와 똑같은 방식으로 감정을 표출하고 있었던 것이다.

아내는 과거에 얽매여 지금과 같은 행동을 계속한다면 얼마 지나지 않아 결혼 생활이 파탄에 이를 것이라는 사실을 깨달았다. 지금까지는 남편이 상대를 배려할 줄 모르는 나쁜 인간이라고 여겼기 때문에 헤어져도 상관없다고 생각했다. 하지만 만약 이 생각이 지금까지 남아 있는 어머니에 대한 분노 때문이라면, 결과적으로 과거 때문에 자신의 현재 인생을 망치는 결과를 낳게 되니 정말 한심한 일이라고 생각하게 되었다. 이렇게 현실을 새롭게 인식하자 남편과의 관계 개선을 위해 진심으로 노력할 수 있었고 이혼도 피하게 되었다.

이처럼 멘탈라이징은 과거의 상처 때문에 발생한 일이 현재를 파괴한다는 사실을 밝혀준다. 애착장애 때문에 지금까지 고통을 겪고 있으며 미래도 망칠 수 있다는 사실을 깨달아야 과거에서 벗어날 수 있다. 누구나 과거 경험이 현재와 미래까지 이어지는 큰 흐름을 볼 수 있어야,

비로소 자신을 지배하는 과거의 상처로부터 조종당하지 않을 수 있다.

▌분석적 멘탈라이징 vs. 공감적 멘탈라이징 ▌

뇌과학 연구가 발전하면서 상대방의 마음을 읽는 방법에는 두 가지가 있다는 사실이 밝혀졌다. 하나는 상대방과 같은 기분을 맛보는 '공감적 멘탈라이징'이다. 또 하나는 공감하진 않지만 상대방의 기분을 읽어내는 '인지적 멘탈라이징'이다. 다른 말로 '분석적 멘탈라이징'이라고도 한다.

바둑돌을 움직이듯 사람의 마음을 능숙하게 조종하는 사람들이 있다. 이런 사람이 반드시 자신을 돌아보거나 상대방의 마음을 이해하는 능력이 뛰어난 것은 아니다. 이런 사람들은 객관적인 분석 능력이 뛰어난데, 이 능력은 진화의 산물일 뿐 애착의 안정성과는 큰 관계가 없다. 오히려 이런 사람은 타인에 대한 애정이 없기 때문에 마음이 통하는 친밀한 관계를 맺는 데는 관심이 없는 경우가 많다. 다른 이들을 심리적으로 통제하고 이용하려는 위험한 사람들 중에는 분석적 멘탈라이징 능력만 발달한 경우가 많다.

애착을 안정시키는 데 정말 필요한 것은 전자인 공감적 멘탈라이징이다. 물론 이들도 분석 능력이 발달되어 있지 않으면 교활한 사람

233

에게 속거나 공격을 받았을 때 대응하지 못한다. 따라서 안정된 대인관계를 유지하는 수준을 넘어 나쁜 사람들로부터 자신을 지킬 수 있으려면 객관적으로 상황을 파악하는 능력도 갖추어야 한다.

하지만 누군가의 안전기지가 되고자 하는 사람이라면 분석적 멘탈라이징보다는 공감적 멘탈라이징을 더 갖추어야 한다. 냉정한 분석으로는 닫힌 마음을 열 수도, 얼어붙은 마음을 녹일 수도 없다. 본인이 충분히 안정되어 있어야 상처받은 사람에게 공감하면서도 고통, 외로움, 두려움에 휩쓸리지 않고 사건을 객관적으로 돌아보고 이끌어줄 수 있기 때문이다.

사람에 따라 분석적 멘탈라이징은 발달했지만 공감적 멘탈라이징이 약한 사람이 있고, 반대 경우도 있다. 누군가의 안전기지 역할을 지원하고자 한다면 상대방에게 부족한 부분을 파악하면서 양쪽이 균형을 잃지 않도록 잘 살펴야 한다. 그래야 상대방의 마음을 이해하면서도 상황을 객관적으로 파악해 도움을 줄 수 있다.

▮ 공감력을 높이는 롤 플레이, 롤 레터링 ▮

멘탈라이징이 발달하지 않은 사람은 자신의 기분에 쉽게 얽매이기 때문에 상대방 입장에서 생각하거나 제삼자의 눈으로 자신을 돌아보는 데 서툴다. 이를 극복하는 기법 중에 롤 플레이(role play: 역할 연기)와 롤 레터링(role lettering: 역할 교환 편지)이 있다. 상대방과 역할을 바꿔 행동해보면 상대방 입장을 더 잘 이해할 수 있다. 이러한 연습은 공감적 멘탈라이징 능력을 한층 강화한다.

내가 의료소년원에서 공감 능력이 없는 아이들에게 실시했던 방법도 '버릇없는 후배를 기분 상하지 않게 야단치려면 어떻게 해야 할까?' 같은 흔한 상황이나 '말기 암에 걸린 아버지가 면회를 왔다' 같은 심각한 상황을 설정하고 각자 연기를 시키는 것이었다. 아이들은 말기 암에 걸린 아버지를, 또 아버지와 마지막 면회를 하게 된 아이를 연기하면서 눈물을 흘렸다.

일상에서는 고민 상담을 롤 플레이로 해보면 효과적이다. 자신의 고민을 동료에게 털어놓고 상담을 받은 다음, 동료가 똑같은 내용을 상담하면 자신이 조언해주는 것이다. 결국 자신의 고민을 자신이 조언해주는 식인데, 이 연습은 문제를 객관적으로 보게 해준다.

롤 레터링도 훌륭한 방법이다. 예를 들어 부모님에게 편지를 쓴 다음, 부모님 입장이 되어 그 편지에 답장을 쓰는 것이다. 그리고 또다시 그 편지에 답장을 쓰는 식으로 반복하는데 이를 통해 자신뿐 아니라 부모님의 심정을 짐작할 수 있다.

이런 방식은 극적인 변화를 낳는 경우가 많지만, 대신 타이밍이 중요하다. 너무 빨리 하면 건성으로 할 가능성이 있다. 따라서 지원자와 안전기지와의 관계가 안정되어 있고 신뢰가 두터워졌을 때 하는 것이 좋다.

　같은 문제로 고민하는 사람을 제삼자 입장에서 바라보는 것도 멘탈라이징을 자극하는 데 효과가 있다. 자신의 문제를 돌아보는 것은 힘들어도 다른 사람의 문제는 냉정하게 바라볼 수 있기 때문이다. 동료가 처한 상황에 자신의 처지를 대입해보고 자신의 문제가 무엇인지 깨닫게 되는 경우도 많다. 비슷한 문제를 가진 사람들의 모임에서 서로의 경험을 이야기하는 것도 멘탈라이징을 높이는 매우 유익한 방법이다.

　실제로 상담 기법에서 롤 플레이는 점점 중요하게 부각되고 있다. 본인이 난처했던 상황을 몇 가지 유형으로 재현함으로써 다양한 깨달음을 얻을 수 있기 때문이다. 또, 자신의 말과 행동에 따라 다른 사람의 반응이 바뀐다는 점도 체감할 수 있다.

　타인이라는 존재가 고정되어 있다고 생각했지만 사실 타인은 나의 움직임에 반응하는 존재, 그 사람만의 개성을 가진 존재라는 사실을 이해하고, 상대방의 마음이나 반응을 읽어내면서 나의 반응을 조절하는 능력을 갖추는 데도 도움이 된다.

▎마인드풀니스, 좋고 나쁨으로 평가하지 않는다 ▎

애착이 안정된 사람은 항상 매사를 긍정적으로 받아들인다. 상황을 있는 그대로 너그럽게 수용하고 단점보다 장점에 집중해 자신에게 장점이 주어졌다는 사실을 기쁘게 생각한다. 반대로 애착이 불안정한 사람은 단점에 집중하고 똑같은 상황이 주어져도 기뻐하기보다 불만을 느껴 타인을 공격하거나 분노하는 경우가 많다.

같은 상황에서도 받아들이는 방식이 이렇게 다르니 애착이 불안정한 사람은 자신에게도, 타인에게도, 사회에도, 인생에도 부정적인 평가를 내린다. 당연히 행복지수도 내려가니 큰 손해다. 결국 모든 일을 있는 그대로 받아들이는 자세를 갖추어야 삶이 편해진다.

'지금 있는 그대로'를 받아들이는 실천적 방법으로 마인드풀니스(mindfullness)나 마인드풀니스를 도입한 상담이 주목받고 있다. 마인드풀니스란 모든 일을 좋고 나쁨이라는 가치로 판단하지 않고 있는 그대로 받아들여 깨달음을 얻는 것이다.

마인드풀니스는 원래 요가, 명상에서 발전했지만 기독교 문화에서도 받아들이기 쉽도록 종교 색을 제거한 순수 심리 기법으로 확산되어 빠르게 보급되고 있다. 과학적으로도 효과가 입증되어 의학계에서도 널리 활용하고 있다. 우울증, 불안, 초조, 분노에 매우 효과적이며 단순히 인지뿐 아니라 신체 반응에도 극적인 효과를 낳는다.

애착이 불안정한 사람은 단점에 집중해 자신과 타인의 불완전한 모습을 부정적으로 평가하면서 우울증이나 초조감을 야기한다. 현실이 70점 수준이어도 가장 이상적인 100점 상태와 비교해 낙담한다.

마인드풀니스에서는 일반적인 인지요법과 달리 이런 사람을 대할 때 인지 방식이 편중되어 있는 것을 문제 삼지 않는다. 관점을 긍정적으로 바꾸려 하지도 않는다. 그렇게 하면 또 '이상적인 상태가 되어야 한다'는 압박감이 뒤따르기 때문이다.

마인드풀니스에서는 좋다 나쁘다는 가치 판단을 하지 않고 있는 그대로 받아들이고 느끼게 한다. 좋고 나쁘다는 판단에서 자유로워지려 한다. 가치 판단은 어떤 의미에서 '얽매임'이다. 따라서 우울과 불안이 있어도 이를 '치료해야 하는 나쁜 것'이라고 보지 않고, 있는 그대로 받아들인다. 치료에 얽매이지 않으면 증상에서 자유로워진다. 이런 발상은 증상을 치료 목표로 삼지 않는 애착 기반 접근법과 비슷하다.

단, 마인드풀니스는 머리로 이해한다고 실천할 수 있는 것이 아니다. 수련을 통해 '몸으로 익혀야' 한다. 실천으로만 터득할 수 있다. 일단 마인드풀니스가 몸에 배면 사소한 일상에서도 깊은 맛이 녹아든 신선한 체험을 할 수 있다. 기분 나쁜 일이 있거나 뜻대로 일이 풀리지 않아도 나쁘다고 생각하지 않고 '이것도 인생의 또 다른 맛이야'라고 소중하게 받아들인다. 특별한 성과를 이루지 않아도 지금 여기 존재하는 것 자체를 즐기려 한다.

이런 수준에 이르려면 어떻게 해야 할까? 마인드풀니스는 삶의 원점인 '호흡'과 '신체 감각'에 주의를 기울이고 있는 그대로 느끼는 데서 시작한다. 호흡과 신체 감각을 바탕으로, 불쾌한 체험이나 불안한 감각도 있는 그대로 받아들이고 느끼면서 흐트러지지 않는 마음과 풍부한 깨달음을 얻는다. 마인드풀니스는 어머니 품에 안긴 아이처럼 있는 그대로 사랑받고 보호받는 체험이라 할 수 있다. 일단 체득하면 혼자서도 할 수 있어서 주변에 안전기지가 되어줄 대상이 없어도 자신만의 안전기지를 만들 수 있다.

▌ 용서할 수 없는 사람을 받아들이는 연습 ▌

아무리 훌륭한 사람도 오랫동안 상대하면 기대에서 벗어나는 모습을 보일 때가 있다. 그런데 이를 너그럽게 받아들이지 못하고 문제 삼으면 시간이 지날수록 당연히 그 사람은 '용서할 수 없는 존재'가 될 수밖에 없다. 애착이 불안정한 사람들의 특징은 일단 '용서할 수 없다'고 생각하면 거기에 사로잡혀 상대방의 모든 것을 부정하고 장점조차 무시한다는 것이다.

용서할 수 없다는 것은 당사자 입장에서는 절대로 양보할 수 없는 중요한 문제지만, 보다 넓은 관점으로 보면 본인의 세계를 좁혀 대인 관계에도 영향을 끼침으로써 적응력을 떨어뜨리는 결과를 낳는다. 자신의 존재 가치를 지키기 위한 행동이라고 생각할 수 있지만 결국 상처받은 마음에 얽매여 자신을 괴롭히며 더 큰 손해를 초래한다.

어떻게 해야 이런 얽매임에서 벗어날 수 있을까? '용서할 수 없다'고 생각하는 이유는 '일부' 사실을 '모두' 나쁘다고 부정하는 사고방식 때문이다. 여기에는 모든 일을 '좋다'와 '나쁘다'로 나누는 이분법적 사고와, 모든 것을 좋고 나쁨으로 평가하는 습관이 도사리고 있다.

이분법적 사고는 부모의 기대를 충족하면 착한 아이, 그렇지 못하면 나쁜 아이라고 벌을 받았던 어린 시절 경험에서 유래한 경우가 많다. 자신이 과거 나쁜 아이 취급을 받았던 것처럼 '나쁜 아이'로 보이는 사람을 용서할 수 없다고 전면 부정하는 것이다. 만약 어린 시절 부모가 아이가 원하는 바나 아이의 마음을 먼저 이해하고 공감해줬다면 이런 사고방식에 물들지 않았을 가능성이 크다.

한편, 이 사고방식은 문제의 원인을 설명할 때도 적용된다. 뜻대로 풀리지 않는 일이나 자신의 생각과 어긋나는 일이 있으면 이는 상대방이 나쁜 사람이기 때문이며, 나쁜 사람이기 때문에 그런 말과 행동을 한다고 생각한다. 사회악의 원인을 유대인 탓으로 돌려 대학살을 자행한 나치즘이 대표적인 예다.

▌ 뜻대로 되지 않는다고 나쁜 일이 아니다 ▌

사실 세상에는 모두 나쁜 존재도, 모두 좋은 존재도 없다. 일이 뜻대로 풀리지 않으면 누군가의 방해 때문이라고 여기는 것도 대부분 자기만의 주관일 뿐이다. 사람은 누구나 실패도 하고 실수도 하지만 '모두 나쁘다'는 생각은 사실이 아니라 자기 멋대로 만들어낸 믿음에 지나지 않는다.

모든 문제를 이런 식으로 받아들이는 태도에는 '기분 나쁜 일, 뜻대로 풀리지 않는 일은 나쁜 것'이라는 사고가 존재한다. 하지만 기분 나쁜 일이나 뜻대로 풀리지 않는 일은 거친 날씨처럼 피할 수 없는 현상이다. 그러니 좋다, 나쁘다는 감정으로 반응할 대상이 아니다.

기분 나쁜 일을 우발적 사건으로 받아들여 감정적으로 반응하지 않으면 비난해야 할 나쁜 일, 나를 방해하는 나쁜 사람이라는 발상은 하지 않게 된다. 설령 상대방 때문에 기분 나쁜 일이 발생했어도 '기분 나쁜 일'과 '상대방'을 동일시하면 안 된다. 아이가 컵을 넘어뜨려 깨끗하게 세탁한 양복을 더럽혔을 때, "저 아이는 산만한 '나쁜 아이'니까 양복을 더럽히는 '나쁜 일'이 생긴 거야"라고 받아들이면 '나쁜 짓을 한 나쁜 아이에게 벌을 줘야 한다'는 결론을 내리게 된다. 아이도 '나는 실수를 한 나쁜 아이니까 야단을 맞을 거야'라고 걱정할 것이다.

하지만 다른 관점으로 보면, 아이는 그저 덜렁거리다가 컵을 넘어뜨린 것뿐이다. 아이는 나쁜 녀석이 아니라 단지 실수를 했을 뿐이다. 인간은 누구나 실수를 저지른다. 실수했다고 그를 '나쁜 사람'이라고 단정할 수는 없다. 실수를 근거로 나쁘다고 가치 판단을 내리는 일은 난처한 상황에 빠진 사람에게 채찍질을 하는 것이나 다름없다. 그보다는 실수해서 겁에 질린 아이를 '서투른 존재'로 보고 위로해주는 게 바람직하다. 그래야 아이도 사고는 일어날 수 있고, 사고가 났을 때는 잘 수습해서 문제를 해결하면 된다는 마음가짐을 배울 수 있다.

▐ 누구나 사랑하는 사람의 안전기지가 될 수 있다 ▐

지금까지 자신의 시각에서 벗어나 더 넓은 관점으로 상대방의 마음을 이해하는 능력을 키우는 것이 상처받은 애착을 회복하는 방법이며, 그렇게 하려면 안전기지의 도움이 필요하다는 점을 설명했다. 반대 경우도 마찬가지다. 애착 문제를 해결하기 위해 '돌아보는 능력'을 강화하는 것은 자신이 또 다른 누군가의 안전기지가 되어주기 위해 갖추어야 할 과제이기도 하다.

　　애착이 불안정한 사람은 타인의 안전기지가 될 수 없다고 생각한다. 본인이 안도하지 못하고 안정된 대인관계를 유지하지 못해 고통스러울 뿐 아니라, 상대방에게도 좋은 안전기지가 될 수 없으니 자신을 사랑해주는 사람을 고통스럽고 외롭게 만들기 십상이라고 생각한다. 여기에 애착의 본질이 존재한다. 결국 애착 문제를 극복하는 것은 본인 뿐 아니라 자신이 사랑하고 자신을 사랑해주는 사람의 삶 역시 편하고 행복하게 만드는 방법이라고 할 수 있다.

애착장애를 극복하기 위해서는 돌아보는 능력을 강화해야겠지만, 그보다 내가 먼저 소중한 사람의 안전기지가 되어주겠다는 생각을 가져야 한다. 내가 상대방에게 안전기지가 되어주면 상대방도 나의 안전기지가 되어주려 한다. 서로 따뜻한 마음을 나누는 관계가 두터워지면 양쪽 다 신뢰와 사랑을 받을 수 있고, 이 경험이 쌓이면 얼마든지 애착장애를 극복할 수 있다.

애착장애를 극복하는 방법은 아주 가까운 곳에도 얼마든지 있다. 그렇지만 문제에 당당히 맞서겠다는 결심을 하기란 쉽지 않다. 나에게 정말 힘든 사람, 커다란 갈등을 겪고 있는 사람을 갑자기 인정하겠다고 노력했다가 더 큰 실망을 맛보거나 상처를 받을 수도 있다. 따라서 먼저 본인이 안전기지가 되어주고 싶은 대상을 찾아 가벼운 시도부터 해보는 게 좋다.

관계가 완전히 뒤틀려 포기한 사람도 안전기지가 되기 위한 노력을 지속적으로 기울일 수 있으면 얼마든지 기회는 있다. 심하게 뒤틀린 관계일수록 그만큼 깊은 애증이 얽혀 있다는 뜻이기 때문이다. 그렇게까지 싫어하고 미워한다는 것은 그만큼 사랑했다는 뜻이기도 하다.

너무 사랑했기 때문에 더 크게 상처받고 뒤틀린 것이다. 어떤 계기가 생겨 상대방에게 자신의 진심을 전하면 뜻밖에도 쉽게 예전의 관계를 회복할 수 있다. 그렇게 하려면 상대에게 진정한 안전기지가 되어주기 위해 지속적으로 노력해야 한다. 그동안 상대방이 힘든 상황에 처해 관계를 회복할 수 있는 기회가 찾아오기도 한다. 이런 어려움을 넘고 소중한 존재와의 관계를 회복하면 애착은 더욱 빨리 안정되고, 스트레스에 강해질 뿐 아니라 대인관계에서나 사회생활을 할 때도 긍정적인 효과를 빚어낸다.

　　인간은 얼마든지 달라질 수 있는 존재다. 그러나 한편으로는 쉽게 달라지지 않는 존재이기도 하다. 현실의 자기 모습에 얽매여 벗어나지 못하는 경우도 있다. 이해할 수 없는 고통을 참고 버티면서 이대로 가면 분명히 막다른 상황에 놓일 거라는 사실을 머리로는 알지만, 실제로 그런 상황에 내몰릴 때까지 현실에 끌려 다니는 경우도 적지 않다. 본인 스스로 빨리 깨닫고 삶의 방식을 바꾼다면 더할 나위 없겠지만 그렇게 행동하기가 쉽지 않다. 이대로는 도저히 버틸 수 없는 상황에 몰려야 비로소 달라져야겠다는 생각을 하게 된다. 심각한 문제가 있는 사람일수록, 나락으로 떨어져 꼼짝할 수 없는 상황까지 내몰리는 경험이 필요한지도 모른다.

　　모든 일이 뜻대로 풀리지 않아 커다란 위기에 처해 있을수록 생각을 바꾸어야 한다. 현재의 문제를 극복하고 더 크게 성장하겠다고 다짐해야 한다. 그런 상태에서 운명적인 만남을 하는 경우도 많다. 사람은 위기에 몰릴수록 도움을 원하기 때문이다. 따라서 손을 쓸 수 없을 정도로 힘든 상황에 놓였다면 놀라운 인연을 만날 기회라고 여기는 것도 좋다. 본인이 이 위기를 극복하고 성장할 수 있는 기회일 뿐 아니라, 상대방 입장에서도 누군가가 크게 성장할 수 있게 도울 기회를 갖는 셈이기 때문이다. 그러니 위기에 처해 있을수록 정신을 가다듬고 당당하게 맞서려고 노력하자.

나락으로 떨어진 상태에서 자칫 목숨을 포기하고 싶을 정도로 고통을 받을 수도 있다. 나락에서 떨어진다는 것은 사느냐 죽느냐의 갈림길에 놓일 정도로 위기라는 뜻이다. 이때 재기 여부는 본인이 어떻게든 극복하겠다는 용기를 낼 수 있는가에 달려 있다.

사례 12
▎매일 죽고 싶다고 생각하는 30대 여성 ▎

30대 초반의 가즈하 씨는 매일 죽고 싶다는 생각을 하고 사람을 만나는 게 두려워 나를 찾아왔다. 가즈하 씨는 삼남매 중 둘째딸로 태어났는데 어린 시절에는 너무 어른스러워서 부모의 보살핌이 별로 필요하지 않았다.

부모님은 작은 공장을 운영하느라 정신없이 바빴고 어머니의 관심은 허약한 막내 여동생에게만 쏠려 있었다. 가즈하 씨를 주로 보살펴준 사람은 할머니였다. 부모님은 큰 빚을 지고 있었기 때문에 돈을 버느라 집을 비우는 일이 많았고 부부 사이에는 늘 긴장감이 감돌았다. 부부 싸움도 일상이었다.

가즈하 씨는 심한 말을 들어도 반박을 하지 않는 편이었고 집단 괴롭힘을 당한 적도 있었다. 특히 초등학교 5학년 때 아주 심한 집단 괴롭힘을 당했기 때문에 그후로 사람을 두려워하며 살게 되었다. 그래도 공부는 잘했다. 이것이 유일한 자신감의 원천이었다.

그녀는 일류 국립대학에 진학해 연구자가 되기로 결심했다. 하지만 대학 입학 후 불안이 심해졌다. 원하는 대학에 입학하고자 좋은 성적을 받기 위해 노력할 때는 괜찮았지만 원하는 대학에 가보니 자신보다 우수한 학생들이 넘쳐났고 가즈하 씨의 성적은 중간 수준에 불과했다. 그동안 우등생이라는 사실로 자존심을 유지했지만 그 타이틀도 더 이상 유지할 수 없었다.

괴로움을 견딜 수 없어 병원에서 약을 처방받았지만, 그즈음부터 죽고 싶다는 마음이 들었고 자해를 반복했다. 약을 대량 복용하고 처음으로 자살을 기도한 것이 대학교 1학년 가을이었다. 당황한 부모님은 처음에는 걱정해주었지만 이후로도 서너 차례 자살 기도가 반복되자 "적당히 좀 해!", "너 때문에 우리가 얼마나 힘든지 알기나 하니?"라며 오히려 화를 냈다. 그후 부모님과의 관계는 전보다 더 냉랭해졌다.

가즈하 씨는 그럭저럭 대학을 졸업하고 대학원에 진학했다. 초반에는 교수와 원만한 관계를 유지했고 성과를 인정받았지만, 교수의 기대에 부응하기 위해 모든 과제를 완벽하게 해낼수록 한계에 부딪혔고 또다시 자살을 기도했다. 결국, 대학원을 그만두고 취업을 했는데 회사에서도 처음에는 열심히 노력했지만 책임져야 하는 일이 늘어날수록 압박감을 견디지 못하고 또 자살을 기도했다. 마침내 원하지 않았던 퇴사를 하게 되면서 '전부 잃었다'는 절망감만 남게 되자, 상처투성이가 되어 나를 찾아온 것이다.

가즈하 씨는 상태가 너무 심각했기 때문에 입원할 만한 의료기관을 소개하는 것도 망설여졌다. 하지만 어떻게든 도와주어야겠다는 마음에 일단 치료를 시작했다. 단, 절대로 자살하지 않겠다는 약속을 받았고 상태가 악화되면 입원시키겠다는 말도 덧붙였다.

통원 치료와 상담을 시작했지만 표정은 여전히 어두웠고 아무 희망도 찾아볼 수 없었다. 내가 할 수 있는 일은 조금이라도 안전기지가 되어줄 수 있도록 세심한 주의를 기울이면서 그녀의 이야기에 귀 기울이는 것뿐이었다. 나와 의료진의 노력 덕분에 가즈하 씨는 조금씩 밝은 표정을 되찾았지만, 여전히 무기력한 생활에서 벗어나지 못했다.

가즈하 씨의 마음속에 '부모님에게 버림받았다'는 생각이 강하게 자리 잡고 있다는 사실을 알게 된 담당 의사가 부모님을 한 번 만나보고 싶다고 요청했다. 담당 의사는 부모와 면담하는 자리에서 가즈하 씨의 증상을 설명했다. 부모 역시 여러 사정으로 힘들었겠지만 딸도 부모님에게 인정받고 싶어 외로움을 참고 버티면서 최대한 노력했으며, 뜻대로 되지 않자 더 이상 자신을 지탱할 수 없게 되어 점차 부정적으로 변해갔다고 설명했다. 자신은 무엇을 해도 되는 일이 없는 쓸모없는 인간이며 살 가치가 없다고 여기는 마음을 바꾸지 않으면, 언젠가 정말로 자살할 수도 있으며 이런 상황에서 벗어나려면 부모의 도움이 필요하다는 말도 덧붙였다.

그 사실을 안 부모님은 눈물을 흘리면서 자신들이 딸을 외롭게 만들었다는 사실을 후회했다. 부모는 할 수 있는 일은 무엇이든지 하겠다는 뜻을 전했고, 담당 의사는 안전기지가 되어줄 수 있도록 신경을 쓰고 무엇보다 친절하고 따뜻하게 대해주라고 조언했다.

▎우등생이 아닌 자신의 모습도 사랑한다 ▎

부모가 관심을 기울이자 가즈하 씨의 표정이 눈에 띄게 밝아지기 시작했다. 더 이상 죽고 싶다는 말을 하지 않았고 자신이 할 수 있는 일을 찾고 싶다며 취업지원센터를 다니기 시작했다. 학업과 일 모두 뜻대로 풀리지 않는다며 '나는 되는 일이 하나도 없다'고 생각한 그녀에게 취업지원센터 방문은 자신감을 되찾는 계기가 되었다. 무작정 아무 데나 취업하기보다 취업 준비부터 시작한 것은 바람직한 선택이었다.

가즈하 씨는 학창 시절 내내 우등생으로 인정받기 위해 늘 긴장한 채 무리를 해야 했고, 그러다 한계에 부딪히곤 했다. 그렇게 끊임없이 에너지를 쏟으면서 노력하면 누구나 한계에 부딪힐 수밖에 없다. 가즈하 씨 역시 한계에 부딪히자 자신은 쓸모없는 인간이라고 생각해 자살기도까지 했던 것이다. 이런 상황을 감안하면, 작은 목표를 가치 있게 여기게 된 것만 해도 커다란 진전이었다.

가즈하 씨는 마침내 취업에 성공했고, 회사에서 만난 동료와 결혼해 지금은 가사에 전념하며 평온한 생활을 하고 있다. 자살을 기도할 만큼 극심한 상태였다는 사실이 믿기지 않을 정도다. 부모님이 손주를 끔찍이 아낀다는 점은 가즈하 씨에게 무엇보다 큰 기쁨이었다.

가즈하 씨는 나락으로 떨어져 절망의 수렁에 빠졌지만 바로 거기서부터 다시 일어섰다. 한때 딸을 완전히 포기했던 부모도 새삼 위기를 느끼자 진심으로 딸의 안전기지가 되어주기 위해 노력했고, 그 덕분에 좋은 결과를 낼 수 있었다. 가즈하 씨는 부모님에게 인정받기 위해 스스로를 무리하게 다그쳤지만 부모님이 든든한 안전기지가 되어 "네가 우리 곁에 있다는 사실만으로도 고마워. 무리하지 않아도 돼"라고 말해준 덕분에 압박감에서 벗어나 서서히 회복될 수 있었다.

▌ 과거에 집착하지 않는다 ▐

애착장애를 안고 있는 사람의 내면에는 '자신을 있는 그대로 받아들일 수 없다'는 생각이 깔려 있다. 이를 극복하기 위해 마인드풀니스나 명상을 하는 것도 도움이 되지만, 무엇보다 중요한 것은 '부모가 그의 현재 상태를 인정하는 것'이다. 그래서 애착회복적 접근법에서는 부모의 사고를 바꾸기 위해 노력한다. 가즈하 씨처럼 부모가 자녀를 대하는 방법을 바꾸자 버림받았다는 생각이 사라지면서 긍정적으로 바뀌는 사례는 흔히 볼 수 있다.

특히 기대를 버리지 못해 자녀의 현실을 부정적으로 생각했다면, 부모가 현실을 긍정적으로 받아들이는 것만으로도 자녀 역시 본인이 처한 현실을 있는 그대로 인정하게 된다. 그래야 비로소 '아무리 노력해도 소용없어'라는 생각이 '조금씩이라도 노력해보자'로 바뀐다.

물론 부모가 좀처럼 달라지지 않는 경우도 있다. 하지만 부모의 변화 여부보다 본인이 과거의 자존심이나 집착을 버릴 수 있느냐가 중요하다. 가즈하 씨처럼 명문대를 졸업한 우등생이 아니어도 나름대로 능력과 자존감이 있는 사람은 현실에 불만이 생기면 그걸 인정하기 힘들어한다. 그래서 '내가 원하는 수준에 도달하지 못할 거라면 차라리 더 이상 아무것도 하고 싶지 않아'라고 생각해 모두 포기하기도 한다.

그렇기 때문에 밑바닥까지 추락하는 경험이 도움을 주기도 한다. '내 인생은 이것밖에 안 되나?'라고 좌절하며 절망에서 허덕이다 보면, 어느 순간 자신을 옭아매고 있던 자존심이나 가치관이 별 도움이 안 된다는 걸 깨닫기 때문이다. 위기는 기회다. 누구나 매사 술술 풀릴 때는 달라지기 어렵다. 성장할 수도 없다. 막다른 골목에 이르렀을 때 비로소 바뀔 수 있다.

위기가 기회가 되는 또 다른 이유는 위기일 때 정말 의미 있는 인연을 맺을 가능성이 크기 때문이다. 누구나 정신적으로 나약해지면 안정을 취할 수 있는 장소를 찾게 마련이다. 자신감과 활기가 넘칠 때는 다른 사람에게 의지한다는 생각을 해본 적 없는 사람이, 힘든 일을 겪으면서 정신적으로 나약해지면 안심하고 속내를 털어놓을 수 있는 상대를 원하게 된다. 평소에는 다른 사람의 조언이나 상담에 전혀 관심 없던 사람도 타인에게 자신의 마음을 털어놓고 조언을 구하고 싶어진다.

그래서 애착을 갈망하는 행동은 생각지도 못했던 만남을 성사시키거나 다른 사람들과 친밀한 관계를 맺음으로써 필요한 도움을 받게 해준다. 회피형에게는 예외일 수 있지만, 대개 어떤 사람이 도움이 필요해서 자신에게 애착을 보이면 도움을 주고 싶은 마음이 생기기 때문이다. 이처럼 도움을 원하는 사람과 도움을 주고 싶은 사람이 함께 성장하고 발전하는 경우가 많기 때문에, 애착은 서로에게 도움을 준다.

누구나 자신에게 도움을 준 사람에게는 남다른 애착을 느끼고 특별한 관계를 맺으려 한다. 여성들이 자신을 낳아준 어머니보다 자신이 낳은 자녀에게 더 큰 사랑을 느끼는 것도, 사람은 대개 누군가에게 도움을 주는 과정에서 아주 친밀한 감정을 느끼기 때문이다. 이런 만남을 통해 자신의 가장 나약한 부분이나 단점도 드러낼 수 있으니 깊은 신뢰를 쌓을 수 있다. 실제로, 인생 최대의 위기에 놓였을 때 최고의 인연을 만드는 경우는 아주 많다.

▌ 도스토옙스키가 대문호가 되기까지 ▌

《죄와 벌》, 《카라마조프 가의 형제들》로 유명한 러시아의 대문호 도스토옙스키의 젊은 시절은 고통으로 가득했다. 어머니는 일찍 세상을 떠났고, 아버지는 모스크바 대학원 의학부 출신의 군의관으로 편집증적 성격이 강해 자녀들을 엄하게 키웠다.

도스토옙스키는 상당히 심각한 애착장애를 겪고 있었다. 사교성이 부족했고 정서가 불안정해서 상대방의 신경을 거스르는 행동을 자주 했다. 그래서 처녀작 《가난한 사람들》로 화려하게 데뷔했지만 많은 사람들이 도스토옙스키의 됨됨이를 알고 나서 피하기 시작했고 문 단에서도 고립되었다.

경제 관념도 부족해서 불리한 계약을 했고 생활은 갈수록 힘들 어졌다. 결국에는 황제 암살 사건에 연루되어 사형 판결까지 받았다. 그 는 총살형 집행 직전에 사면을 받아 목숨을 구했지만 정신적으로는 이 미 사망한 것과 마찬가지였다. 도스토옙스키는 극한의 시베리아에 위 치한 교도소에서 4년을 복역한 후에도 키르기스의 황량한 지역으로 유 배되어 10년간 옥살이를 해야 했다.

도스토옙스키는 유배지에서 만난 여성과 결혼을 했다. 여성에게 는 이미 자녀가 있었고 여러 가지 문제가 많았지만 그에게는 헌신적인 내조자가 되어주었다. 도스토옙스키는 아내가 데려온 아들을 친자식처 럼 돌보며 처음으로 행복한 가정생활을 누렸지만, 아내는 도스토옙스 키를 만났을 때 이미 결핵을 앓고 있었고 증상은 서서히 심해졌다.

출소 후 모스크바로 돌아온 도스토옙스키는 형이 창간한 잡지 에 기고를 시작했다. 옴스크에서의 수감 생활을 인간적으로 그린《죽음 의 집의 기록》이 좋은 평을 얻으면서 안정된 생활을 할 수 있을 듯했지 만, 도스토옙스키의 시련은 끝난 것이 아니었다. 잡지가 발행금지 처분 을 받은 후 형과 아내가 갑작스럽게 세상을 떠난 것이다. 남은 것은 막 대한 빚뿐이었다.

형의 잡지를 계속 간행하기 위해 발버둥을 쳤지만 빚은 어느새

1만 5,000루블로 늘어났다. 그런데 도스토옙스키를 더욱 궁지로 몬 것은 당장의 수익 때문에 출판사와 계약한 조건이 매우 불리했다는 점이다. 한 달 안에 장편소설 한 권을 탈고하지 않으면 앞으로 9년 동안 쓰게 될 모든 작품의 저작권을 무상으로 넘겨야 했다. 빚을 갚기는커녕 작가로 살아가는 것 자체가 불가능한 상황이었다.

이러한 절체절명의 순간에, 도스토옙스키 앞에 스무 살의 여성 안나가 나타났다. 안나는 도스토옙스키의 독자였는데 그녀에 대한 첫인상은 별로 좋지 않았다. 안나는 도스토옙스키가 매우 힘든 상황에 처해 있고 도움이 절실하다는 사실을 알고 있었다. 그가 솔직하게 자신의 사정을 밝혔기 때문이다.

이윽고 두 사람은 작업을 시작했다. 도스토옙스키가 내용을 이야기하면 안나가 받아 적고 수정하는 식으로 26일 만에 《노름꾼》을 탈고한 것이다. 안나의 도움이 없었다면 도저히 불가능했을 일이다. 그사이에 두 사람은 연인이 되었다.

두 사람의 나이 차이는 스무 살이 넘었고, 도스토옙스키는 빚투성이인 데다 지병과 도벽까지 있었다. 게다가 전처의 아들과 사망한 형의 유가족까지, 부양할 가족이 수두룩해서 스무 살 아가씨의 결혼 상대로는 어울리지 않았지만, 안나는 도스토옙스키의 청혼을 두말없이 받아들였다.

불가능해 보였던 결혼이 가능했던 이유는, 도스토옙스키가 안나의 도움을 절실히 필요로 했기 때문일 것이다. 그 정도로 심각한 상태였기 때문에 진정한 안전기지를 만날 수 있었던 것이다. 만약 도스토옙스키가 톨스토이처럼 재산과 명예를 가진 성공한 작가였다면 안나 같은 사람을 만날 수 있었을까? 안나는 도저히 누군가의 안전기지가 될 수 없는 존재였다. 톨스토이는 작가로 큰 성공을 거두었지만 따뜻한 가정을 갖지 못한 채 거리를 떠돌다가 기차역 앞 벤치에서 세상을 떠났다. 반면 도스토옙스키는 결혼한 지 13년 후, 아내와 가족들의 슬픈 작별 인사를 뒤로하고 임종을 맞이했다.

안나라는 안전기지를 얻은 것은 도스토옙스키에게 인생 최대의 행운이었다. 그는 안정된 애정을 품고 늘 자신을 먼저 생각해주며 가정적이고 경제 관념도 뛰어난 아내의 내조 덕분에 빚을 갚고 마침내 저축까지 하게 되었다. 창작 활동도 경지에 올라《백치》,《악령》,《미성년》,《카라마조프 가의 형제들》같은 걸작을 잇달아 발표했다.

그가 오랜 세월 시달렸던 도벽조차 안나의 도움으로 극복할 수 있었다. 안나는 처음에는 돈만 생기면 즉시 도박장으로 달려가 탕진해버리는 남편을 이해할 수 없어서 한탄도 하고 포기하려고도 했지만, 남편이 도박을 끊지 못하고 괴로워하는 모습을 보고 도박장에 갈 돈을 내주기도 했다.

아내의 헌신적인 애정에 깊은 감동을 받은 도스토옙스키는 마침내 도박을 완전히 끊어버렸다. 안나라는 안전기지 덕분에 애착장애를 극복한 것이다.

안전기지가 되어줄 지원자를 만날 수 없을 때는 다른 방법으로 안전기지를 대신할 수 있는 존재를 찾아야 한다. 그중 하나가 글을 쓰는 것이다. 안전기지란 자신이 원할 때 있는 그대로 자신을 받아주는 존재다. '글을 쓰는' 행위는 묵묵히 이야기를 들어주는 사람과 비슷하다. 머릿속에 떠오르는 생각을 솔직하게 적는 행위는 자신을 객관적으로 바라보게 해줄 뿐 아니라 카타르시스를 가져다준다.

일본 문학계를 살펴보아도 나쓰메 소세키, 다니자키 준이치로, 가와바타 야스나리, 다자이 오사무, 미시마 유키오 같은 유명 작가들은 심각한 애착장애를 안고 있었다. 애착장애를 극복하기 위해 작품을 썼다고 해도 될 정도다. 외부에서 안전기지를 발견할 수 없었기 때문에 글을 쓰는 데 집중했을지도 모른다. 물론, 글쓰기로 마음속에 가득한 갈등을 모두 극복할 수는 없지만 적어도 고통을 해소하는 데는 도움이 되었을 것이다.

도스토옙스키나 헤르만 헤세도 글쓰기를 통해 애착장애에서 벗어났다. 그들은 글을 쓰면서 완벽한 자기편을 얻었다. 애착은 서로 주고받는 정서이기 때문에 뭔가에 애정을 쏟고 정성을 다하는 것으로도 마음의 상처를 치유할 수 있다. 따라서 취미나 특기도 애착장애를 극복하는 데 매우 큰 도움이 된다.

    누군가에게 소중한 존재로서 대접받는 것은 본인의 노력만으로는 이루기 어려운 일이지만, 자신이 누군가의 안전기지가 되어 그 사람을 소중히 여기는 일은 노력 여하에 따라 얼마든지 실천할 수 있다.

    반려동물, 형편이 어려운 사람, 어린아이나 노인 돌보기 같은 경험은 상처받은 애착을 치유할 수 있는 좋은 기회다. "절대 아이를 낳지 않겠다"던 사람이 부모가 되어 아이를 키우면서 기쁨을 느끼고 안정을 되찾는 사례는 흔히 볼 수 있다. 또한 젊은 시절에는 불안한 자신을 감당하기 버거웠지만 불우한 아이들을 돌보면서 점차 안정을 되찾고 나이 들수록 더 열심히 살아가는 경우도 있다. 1장에서 살펴본 아동정신과 전문의 도널드 위니콧(Donald Winnicott)이나 아동 정신분석의 창시자라 할 수 있는 안나 프로이트는 실제로 자녀가 없었다.

사례 13

▎ 출산과 육아로 부모와의 관계를 회복하다 ▎

가오미 씨는 부모와 사이가 나빠 오랫동안 고민해왔다. 특히 아버지와 어린 시절부터 사이가 매우 나빴다. 아버지는 화가 나면 즉시 손이 올라갔는데, 비위가 거슬리면 딸에게도 사정없이 폭력을 휘둘렀다.

30대가 된 지금도 그런 아버지를 싫어했다. 어머니는 아버지에게 순종적이었는데 가오미 씨가 아버지와 부딪치면 꼭 아버지 편을 들면서 가오미 씨를 비난했다. 그래서 어머니도 믿지 않게 되었고 이 세상에 자기편은 없다고 생각하면서 살아왔다.

남편을 알고 나서 처음으로 자신을 있는 그대로 받아들여주는 사람을 만났다고 생각했다. 그래도 남편을 진심으로 믿기까지 몇 년이 걸렸고, 남편의 마음이 변하지 않을 거라는 확신이 생긴 후에 청혼을 받아들였다.

가오미 씨는 결혼을 전제로 사귀면서도 아이는 낳지 않겠다는 약속을 받았다. 자기 문제만으로도 머리가 아픈데 아이까지 키울 자신은 없었기 때문이다. 그런데 우연히 장애아 교육 분야에서 일하게 되면서 '아이를 낳아볼까?' 하는 생각을 하게 되었다. 하지만 임신 사실을 확인하자 즉각 후회했다. 아이를 온전히 사랑할 수 있을까 고민한 끝에 낳기로 결정은 했지만, 솔직히 자신이 없었다. 태동을 느낄 때도 행복하다는 생각보다 마치 배 속에 커다란 이물질이 들어 있는 듯했다.

이렇게 불안한 상황에서 출산하니 아이를 봐도 예쁘다, 사랑스럽다는 느낌이 들지 않아 초조해졌다. 그런데 사이가 나쁜 부모에게 의지할 수는 없고 남편도 바쁘니, 정신없이 육아를 하는 동안 점점 지쳐갔다. 거기에 산후우울증까지 더해지자 아이가 울어도 방치하게 되었고, 결국 가정을 방문한 복지사가 상황을 파악하고 아이를 임시로 보호하게 되었다.

가오미 씨는 육아 부담에서 벗어나 어느 정도 치료를 받자 활기를 되찾았지만 문제는 그때부터 시작되었다. 한동안 아이를 보호해준 가정지원센터에서 이제 그만 아이를 데려가길 권했지만 가오미 씨는 마음이 놓이지 않았다. 다시 예전과 같은 상황이 되풀이될 수 있다고 우려했기 때문이다.

나는 문제의 근본 원인은 가오미 씨와 부모의 관계에 있으니 가오미 씨의 부모님이 육아를 돕는 조건으로 아이를 직접 키울 것을 제안했다. 본인 부담도 줄이고 부모와의 관계도 개선할 수 있기 때문이다.

효과는 기대 이상이었다. 부모님이 일주일에 하루 손자를 봐주는 것만으로도 가오미 씨에게는 큰 도움이 되었고 부모님도 손자를 매우 사랑했다. 아버지는 손자에게 완전히 빠져 정신을 못 차릴 정도였다. 그렇게 엄하던 아버지가 아들을 사랑하는 모습을 보면서 가오미 씨도 서서히 아버지와 대화를 나눌 수 있을 정도가 되었다.

이후 가오미 씨는 큰 무리 없이 육아를 소화해냈고 아이를 진심으로 사랑하게 되었다. 위기를 극복하는 과정에서 자신의 애착 문제도 해결한 것이다. 애착 문제를 안고 있는 사람에게 분명 육아는 힘든 일이다. 하지만 주변에서 지원해주면 어려운 관계가 회복될 뿐 아니라 본인의 애착을 개선하는 기회가 생길 수 있다.

❚ 일과 취미도 안전기지가 될 수 있다 ❚

다른 사람의 안전기지가 되기 어려운 회피형은 일이나 취미를 안전기지로 활용할 수 있다. 일이나 취미를 매개로 소통하면서 적당히 거리를 유지하면 다른 사람들과 원만하게 지내면서도 인간적으로 성장할 수 있다. 일이나 취미를 안전기지로 삼고 주변으로부터 어느 정도 평가를 받을 수 있다면 자신의 존재 가치도 유지할 수 있다.

《달에 울부짖다》 등으로 잘 알려진 시인 하기와라 사쿠타로는 전형적인 회피형이었다. 그는 "길을 걸을 때도, 술을 마실 때도, 사람들과 어울릴 때도 나는 항상 혼자다"라고 했다.

장남으로 태어난 그는 선천적으로 허약하고 성격이 예민한 데다 부모의 지나친 보호와 간섭 때문에 주체성을 발휘할 수 없어 적응력이 부족했다. 사쿠타로에게 학교생활은 고통 그 자체였다. 집단 괴롭힘까지 당하면서 어차피 다른 사람들은 자신을 받아들이지 않을 거라는 생각에 쉽게 마음을 열지 않는 두려움-회피형이 되었다.

사쿠타로는 성인이 되면서 강박관념 때문에 또 다른 고통을 당하게 되었다. 호감을 느끼는 사람에게 말을 걸고 싶어도 자신도 모르게 욕설이 튀어나왔고, 말실수가 두려워 친구들과 어울릴 수 없었다. 자신이 나쁜 행동을 할지도 모른다는 강박관념은 엄격한 교육을 받은 성실한 사람들에게 많이 나타난다. 실제로 나쁜 짓을 할 가능성은 거의 없지만 그래서는 안 된다고 생각하면 할수록 더욱 나쁜 짓을 저지를까 봐 불안감에 휩싸였다.

사쿠타로는 서른두 살에 결혼해 두 딸을 낳았지만 결혼 생활은 답답하기만 했다. 그는 결혼 10년 만에 파혼했고, 두 딸은 아내가 데리고 갔다. 이듬해에는 사쿠타로의 아버지가 세상을 떠나 더 힘든 상황에 놓였다. 작품은 쓰지 않고 술만 마시면서 생활은 엉망이 되었다.

그때 절망에 빠져 있던 사쿠타로를 구한 것은 여동생의 보살핌과 글쓰기였다. 어린 시절부터 오빠를 좋아하고 따랐던 여동생은 오빠가 망가지는 모습을 보고 집안일을 도와주는 등 오빠가 재기할 수 있도록 보살폈다. 무엇보다 오빠의 안전기지가 되어 그를 지원해주었다. 가정이 안정되고 힘들었던 인간관계도 조금씩 개선되자 그는 예전보다 더 열심히 일을 하게 되었다. 그뿐만 아니다. 사람들과 관계 맺기를 극도로 싫어하고 고독을 즐기던 그도 사교 모임을 즐길 정도로 외향성을 갖추었다. 안정된 가정, 글쓰기에 집중할 수 있는 상황이 안전기지 역할을 해주면서 사쿠타로의 애착이 조금씩 회복된 것이다.

사례 14

▌아버지에 대한 그리움을 이혼으로 극복한 여성 ▌

기요미 씨의 아버지는 능력 있는 변호사였다. 기요미 씨는 어릴 때부터 부모님 사이가 썩 좋지 않다는 느낌을 받았지만, 자신에게는 다정하신 아버지가 늘 약자들 편에서 싸우는 훌륭한 변호사라고 믿었다. 그래서 초등학교 4학년 때 아버지가 바람을 피우고 집을 나갔을 때 큰 충격을 받았다.

당시는 어려서 이해할 수 없었지만 사실 기요미 씨의 어머니는 다정함이나 배려는 부족한, 성격이 매우 강한 사람이었다. 기요미 씨는 사춘기에 접어들면서 어머니와 갈등을 겪는 일이 많아졌고 집을 떠난 아버지를 그리워하며 지냈다. 그런 아버지가 대학 때 세상을 떠나자 기요미 씨는 커다란 상실감을 느꼈다.

그녀의 깊은 상실감을 메워준 사람은 아버지가 돌아가신 지 얼마 지나지 않아 만난 남자 친구였다. 법대생인 남자 친구가 더 좋은 세상을 만들고 싶다는 자신의 꿈을 이야기하는 모습에 완전히 끌렸는데, 남자 친구의 그런 모습에서 세상을 떠난 아버지의 기개를 느낄 수 있었다.

남자 친구와 결혼한 기요미 씨는 남편이 사법고시를 준비하는 동안 가장으로서 생계를 도맡았다. 다행히 남편은 무난히 합격해 변호사가 되었고, 기요미 씨는 경제적으로 아주 풍족하다고 할 수는 없지만 사회적 약자를 돕기 위해 일하는 남편을 자랑스럽게 생각하며 남편의 사건 자료를 대신 정리해주기도 했다. 남편이 맡은 사건이 무사히 마무리됐을 땐 부부가 손을 맞잡고 기뻐했다.

그런데 둘째 아이가 태어난 후 기요미 씨가 육아로 바빠지고 생활비도 늘어나면서 남편이 더 많은 돈을 벌 수 있는 다른 일을 시작했다. 이것이 부부에게 화근이 되었다. 경제적으로 풍족해지고 어느 정도 사치도 부릴 수 있게 되었지만 '나는 이런 삶을 바란 게 아닌데' 하는 생각이 들 때가 많았다. 유명 브랜드의 고급 양복과 가방을 태연히 구입하는 남편을 보면서 사람이 변했다는 느낌이 들었다. 예전에 남편은 사치를 경멸했다.

그렇다고 부부 관계에 문제가 있다고 생각하지는 않았다. 두 사람은 누가 봐도 이상적인 부부였다. 단, 무슨 이유에서인지 예전처럼 남편을 존경할 수 없었다. 그즈음 남편이 젊은 비서와 불륜을 저지르고 있었다는 충격적인 사실을 알게 되었다. 남편을 도저히 용서할 수 없었던 기요미 씨는 심각한 우울증에 빠졌다. 남편과 함께하는 인생 외에 다른 삶은 생각해본 적이 없는데 배신을 당했으니, 모든 것이 끝장났다고 생각했다. 그냥 죽어버릴까 하는 생각도 했지만 아이들을 생각하면 도저히 그럴 수 없었다. 자신이 죽으면 남편이 기뻐하며 애인과 재혼할 거라 생각하니 오기가 생겨서라도 죽을 수는 없었다.

하지만 차갑게 식은 부부 관계는 전혀 나아질 기미를 보이지 않았다. 이혼하지 않고 계속 부부로 사는 이유는 단지 남편을 용서할 수 없기 때문인지도 몰랐다. 그녀는 어머니의 인생을 답습한다는 사실을 인정하고 싶지 않았다. 하지만 계속 증오해도 가슴만 아플 뿐, 이대로 가면 자신이 정말 쓸모없는 인간으로 전락해버릴지도 모른다는 생각이 들자 마침내 이혼을 결심했다.

그녀는 이혼 후에도 한동안은 마음의 상처 때문에 의욕을 되찾을 수 없었다. 주변에서 항상 부러워하는 부부로 살았던 만큼, 기요미 씨는 남편의 외도와 그로 인한 여러 갈등을 누구에게도 털어놓지 못하고 가슴속에만 담아두었다. 그녀가 받은 깊은 상처와 충격을 온전히 이해하려면 기요미 씨의 인생을 어린 시절부터 되돌아보고, 사건을 하나하나 확인할 필요가 있었다.

기요미 씨는 나와 상담을 진행하면서 지금까지 누구와도 나눈 적 없는 숨은 이야기들을 눈물을 흘리면서 모두 털어놓았고, 이 과정에서 점차 안정을 되찾을 수 있었다. 하지만 나나 의료진이 임시 안전기지가 되어준다 해도 상태를 온전히 회복하려면 본인 스스로 진정한 안전기지를 확보해야 했다.

어느 날, 기요미 씨가 "봉사활동을 한번 해보고 싶은데요"라고 먼저 이야기했다. 나는 부담 갖지 말고 가벼운 마음으로 한번 해보라고 격려해주었고, 기쁜 표정으로 돌아간 그녀는 다음날부터 봉사활동을 시작했다. 본인의 주특기인 영어를 가르치면서 기요미 씨는 자신도 다른 사람들에게 도움을 줄 수 있다는 사실에 매우 기뻐했고, 나에게 상담을 받으러 올 때마다 봉사활동을 한 이야기를 밝은 목소리로 들려주었다.

기요미 씨는 몇 년이 지난 지금도 여전히 활기찬 모습으로 봉사활동을 계속하면서 충실한 나날을 보내고 있다. 봉사활동 덕분에 인간관계의 폭도 넓어졌고, 변호사 아내로 내조만 하면서 조용히 살던 때보다 훨씬 생기 넘치는 시간을 보내고 있다. 본인 스스로도 이혼을 결심한 건 정말 탁월한 선택이라고 했다. "제가 자신에게 점점 실망한다는 걸 남편이 눈치채고, 자신을 진심으로 아껴주는 사람을 찾은 건지도 모르겠어요. 남편이 먼저 나를 배신했기 때문에 계속 실망만 하면서 부부로 살아야 하는 삶을 끝낼 수 있었으니까, 결과적으로 잘된 일이라고 생각해요. 이혼한 덕분에 저만의 인생을 되찾았으니까요."

기요미 씨의 새로운 안전기지는 타인이 아니라 어린 시절부터 꿈꿔온 '바르게 살고자 애쓰는 사람을 지지한다'는 삶의 방향이었다. 그녀는 결과적으로 이러한 목적을 가지고 살아가는 사람들을 도와주고 그들의 안전기지가 되어줌으로써 자신 또한 안전기지를 얻는 계기를 만들었다.

이러한 배경에는 어린 시절 존경하는 아버지를 잃을 수밖에 없었던 마음의 고통을 보상받고자 하는 심리도 관련되어 있었다. 약자들을 위해 일하는 훌륭한 사람이라고 생각했던 사랑하는 아버지가 불륜을 저질러 어머니를 고통스럽게 했을 때, 어린 기요미 씨는 큰 충격을 받았다. 그녀는 잃어버린 아버지의 사랑을 남편에게 대신 받고 싶었지만 그 기대도 배신당했다. 결국 기요미 씨는 본인이 원하는 삶을 누군가에게 기대어 충족하는 게 아니라 본인과 같은 삶을 추구하는 사람들에게 베풀면서 충족시킬 수 있었다.

▌안전기지는 가까운 곳에 있다 ▌

어린 시절 충족하지 못한 커다란 결함을 안고 있을 경우, 어린 시절 할수 없었던 응석을 마음껏 부려보고 그때 하고 싶었던 일들을 직접 해봄으로써, 본래 자기 모습을 되찾고 애착 문제를 개선할 수 있다.

실제로 애착장애가 있는 사람들 중에는, 치료 단계에서 일시적으로 어린아이 시절로 돌아가 아이처럼 응석을 부리거나 아이들이 하는 놀이나 공상에 빠지는 사례도 있다. 나의 환자 중에 어린 시절 매일 밤늦게까지 할머니와 지내야 했던 여성이 있었다. 간호사인 어머니가 주야간 근무를 하느라 딸을 제대로 돌볼 수 없었기 때문이다.

딸의 성장 과정에서 문제가 생겼다는 사실을 알고 상담을 받은 어머니는, 자신이 딸을 너무 오래 방치했다는 사실을 깨닫고 성인이 된 딸과 함께 잠을 자거나 수다를 떠는 식으로 딸의 상처를 어루만져주었다. 이런 시간이 6개월 정도 지속되자 딸은 안정을 되찾았고, 자해도 중

단했다. 물론 더 이상 어린아이처럼 행동하지도 않았다.

늘 품행이 반듯했던 사람이 어느 날 갑자기 비도덕적인 행동을 하거나 뭔가에 심취한다면 어린 시절 충족시키기 못한 욕구를 충족시키고 상처받은 애착을 조금이라도 치유하기 위해서인 경우가 많다. 술이나 약물, 쇼핑이나 섹스에 중독된다면 흥분이나 도취감을 통해 자신의 상실감을 잊고 싶어 하기 때문이다. 배불리 젖을 먹고 편안하게 잠드는 갓난아기의 충족감을 느끼고 싶은 것이다.

부족한 부분이 클수록 회복되기는 쉽지 않다. 하지만 안전기지에 대한 욕구는 너무나 절실하기 때문에 무엇을 희생해서라도 충족시키길 바랄 수밖에 없다. 그래서 가정이 파탄 나거나, 그동안 살면서 이룬 성과들을 포기하는 한이 있어도 그 갈망을 쉽게 외면할 수 없다.

이런 욕구는 해결하지 못한 애착장애 때문에 생겼을 수도 있지만, 한편으로는 안전기지에 대한 갈망을 충족시키려는 열망에서 발현된 것일 수도 있다. 문제는 이런 노력으로도 진정한 안전기지를 얻지 못할 경우, 커다란 고통과 손실만 남긴 채 비참한 실패로 끝나버린다는 점이다.

위험한 도박을 하지 않고, 아무 상처도 받지 않으면서 든든한 안전기지를 확보하는 것이 최선이다. 결국 안전기지는, 손이 닿지 않는 먼 곳이 아닌 자신의 주변이나 자기 안에서 찾아야 한다. 사랑하는 사람에게 안전기지가 되어주려고 노력하다 보면 본인 역시 안전기지를 얻을 수 있다. 그 대상은 조금만 신경 쓰면 주변에서 충분히 발견할 수 있다.

글을 마치며

┃ 의학은 사람을 구할 수 없다 ┃

의학이 발전할수록 막대한 의료비가 쓰이고 있는데도 사람들의 행복 지수는 하루가 다르게 낮아지고 있다. 마음의 질병을 앓는 사람들 또한 계속 늘어나고 있다. 그런데 사람들을 고통스럽게 만드는 대부분의 문제에, 의학은 효과적인 치료 방법을 제시하지 못하고 있다.

　　과거에는 크게 고민할 필요가 없었던 문제로 많은 사람들이 고통을 겪는다. 행복한 삶이란 현실성 없는 꿈 같은 이야기로 회자되고 있다. 살면서 아무 기쁨과 가치도 느끼지 못할 뿐 아니라 자신의 존재 자체를 허무하게 느끼는 사람들도 많다.

　　대인관계에서도 다른 사람들과 어울리기를 귀찮아하거나 관계에서 기쁨보다 고통을 느끼는 사람이 늘고 있다. 누군가를 진심으로 사랑하거나, 사랑을 받아들이기가 힘들어 자녀나 배우자에게 애정을 느끼지 못하는 사람도 적지 않다.

이런 문제의 원인에 애착장애가 있다는 사실이 밝혀졌지만, 이런 현상이 일부 특정한 사람들에게만 발생하는 문제가 아니라는 게 심각한 일이다. 정도의 차이가 있을 뿐 대부분의 사람들에게서 이런 징조를 찾아볼 수 있다.

이 사실을 생각할 때 애착은 대인관계뿐 아니라 인간의 생존이나 몸과 마음의 건강을 지탱하는 뿌리와 같은 구조라는 점을 잊어서는 안 된다. 애착이 불안정해져 제 기능을 할 수 없게 된다는 것은 몸과 마음의 건강을 지키는 구조가 망가지기 쉽다는 뜻이다.

의학이 아무리 질병을 진단하고 치료를 해도 생명의 토대인 애착이 제 기능을 하지 못하면 치료 효과를 운운하기 전에 치료 자체가 무의미해진다. 애착이야말로 삶의 원동력이며 애착을 잃는 것은 삶의 의미를 잃는 것과 마찬가지이기 때문이다.

많은 사람들이 삶의 의미나 기쁨을 잃어간다는 현실은 생명체로서의 인간이 수십만 년, 수백만 년에 걸쳐 유지해온 애착 구조가 무너질 위기에 처했음을 의미한다. 의학으로는 더 이상 손을 쓸 수 없는 문제가 애착에 주목하고 애착을 강화함으로써 개선된다는 사실은, 우리를 고통스럽게 만드는 존재의 정체가 상처받은 애착이라는 사실을 뒷받침해준다. 동시에, 우리가 직면해 있는 문제에 어떻게 대처해야 좋을지 명확히 제시한다.

이 책을 통해 한 명의 독자라도 자신의 마음을 돌아보고 상처받은 애착을 회복하는 데 도움을 받을 수 있다면 지은이로서 더없이 기쁠 것이다.

오카다 다카시

옮긴이 이정환

경희대학교 경영학과와 인터컬트 일본어학교를 졸업했다. 리아트 통역과장을 거쳐 현재 일본어 전문번역가 및 동양철학, 종교학 연구가, 역학 칼럼니스트로 활동 중이다. 옮긴 책으로 《지적자본론》《신경 쓰지 않는 연습》《도쿄대생은 바보가 되었는가》《나를 바꾸는 연습》《창을 순례하다》《열등감을 자신감으로 바꾸는 심리학》《나는 내가 아픈 줄도 모르고》 등이 있다.

나를 돌보는 게 서툰 어른을 위한

애착 수업

첫판 1쇄 펴낸날 2017년 11월 30일
　　11쇄 펴낸날 2024년 3월 29일

지은이 오카다 다카시
옮긴이 이정환
발행인 김혜경
편집인 김수진
편집기획 김교석 조한나 유승연 문해림 김유진 곽세라 전하연 박혜인 조정현
디자인 한승연 성윤정
경영지원국 안정숙
마케팅 문창운 백윤진 박희원
회계 임옥희 양여진 김주연

펴낸곳 (주)도서출판 푸른숲
출판등록 2003년 12월 17일 제2003-000032호
주소 서울특별시 마포구 토정로 35-1 2층, 우편번호 04083
전화 02)6392-7871, 2(마케팅부), 02)6392-7873(편집부)
팩스 02)6392-7875
홈페이지 www.prunsoop.co.kr
페이스북 www.facebook.com/prunsoop　　**인스타그램** @prunsoop

ⓒ 푸른숲, 2017
ISBN 979-11-5675-719-1(03180)

* 잘못된 책은 구입하신 서점에서 바꾸어 드립니다.
* 본서의 반품 기한은 2029년 3월 31일까지 입니다.